Le Cancer
et la Philosophie
d'Extrême-Orient

DU MÊME AUTEUR
Ouvrages en français

- **Le Principe Unique de la Science et de la Philosophie d'Extrême-Orient** (1929) (Vrin, Paris, 1931), (Vrin, Paris, 1951) (1989).
- **Le Livre des Fleurs** (Plon, Paris, 1931) (Vrin, Paris, 1956), (Vrin, Paris, 1990).
- **L'Acupuncture et la Médecine d'Extrême-Orient** (Le François, Paris, 1934) (Vrin, Paris, 1969).
- **Le Livre du Judo** (C.I., Tokyo, 1952), (C.I.M.O., Paris, 1989).
- **La Philosophie de la Médecine d'Extrême-Orient** (Vrin, Paris, 1956) (1989).
- **Jack et Mitie en Occident** (Debresse, Paris, 1957) (Vrin, Paris, 1971) (Vrin, Paris, 1990).
- **L'Ère Atomique et la Philosophie d'Extrême-Orient** (Vrin, Paris, 1962) (Vrin, Paris, 1989).
- **Le Zen Macrobiotique** (I.A.M., Bruxelles, 1961), (Vrin, Paris, 1964).
- **Le Cancer et la Philosophie d'Extrême-Orient** (C.I., Paris, 1964), (Vrin, Paris, 1990).
- **4 000 ans de la Chine** (Vrin, Paris, 1969).
- **Le Livre de la Vie Macrobiotique** (Vrin, Paris, 1970).
- **Clara Schumann et la dialectique du Principe Unique** (Kusa, Gent 1981).
- **Gandhi, Un enfant Éternel** (Trédaniel, Paris, 1982).
- **Deux Indiens au Japon** (Kusa, Indes 1954, en anglais), (en français, en préparation).

- **La Santé et la Macrobiotique** par Françoise Rivière (Complément du Zen Macrobiotique), (Institut Tenryu, Paris, 1974), (Vrin, Paris, 1977), (Vrin, Paris, 1989).

Le Cancer
et la Philosophie
d'Extrême-Orient

par

Georges OHSAWA
(Nyoiti SAKURAZAWA)

PARIS
LIBRAIRIE PHILOSOPHIQUE J. VRIN
6, PLACE DE LA SORBONNE, Vᵉ

1991

© *Librairie Philosophique J. VRIN,* 1991
ISBN 2-7116-4271-2

Chacun est heureux, sinon c'est sa faute (Epictète).
Votre malheur est le baromètre des crimes que vous avez commis par ignorance — par l'ignorance de votre « moi », de la vie, du monde, et surtout de ce qui les suscite, les détruit et les reproduit depuis toujours et pour toujours : l'ordre de l'univers infini. Le malheur est la décoration qu'ils se sont décernée à eux-mêmes, ceux qui, dans leur ignorance de l'ordre de l'univers, se sont déifiés, se sont montrés égocentriques, exclusifs et arrogants, tels les astronomes prédécesseurs de Copernic.

(G. O.)

PROLOGUE

Par Louis Kervran,
Ancien Directeur de conférences à l'Université de Paris

Il m'est demandé de présenter la réédition du présent ouvrage dont la première édition est déjà lointaine, car j'ai bien connu Georges Ohsawa. La pérennité de son souvenir a été conservée par de dévoués compagnons de son action en France et en Belgique, comme Madame Rivière qui, avec tant de dynamisme, continue à rappeler son souvenir, aidée par Monsieur Clim Yoshimi qui est maintenant le plus souvent en Belgique où il s'est marié : Ohsawa m'avait présenté ce jeune et sympathique collaborateur, son compatriote (il avait fait des études de pharmacie). Mais je ne puis citer ici tous ceux qui ont continué à diffuser l'enseignement de leur maître, car je risquerais de commettre des oublis regrettables, injustes et j'ai perdu de vue plusieurs de ces pionniers que m'avait présentés ce « grand philosophe d'Extrême-Orient » si bien au fait de notre culture d'Occident.

Si j'ai accepté la suggestion faite en accord avec l'éditeur de présenter cette réédition, c'est parce que c'est pour moi l'occasion d'évoquer le souvenir d'un homme éminent qui a, en outre, beaucoup contribué à faire connaître mes travaux en France, mais aussi, dès fin 1962, au Japon : il traduisit et fit éditer au Japon mon premier ouvrage sur les Transmutations Biologiques, puis l'année suivante mon second livre sur ce sujet. Les échos qu'il eut dans ce pays eurent pour conséquence de conduire Hisatoki Komaki, chef du Laboratoire de Microbiologie Appliquée d'une université japonaise, à s'intéresser à mes recherches, et, avec ses élèves, à les développer sur le plan de l'action des micro-organismes dans ce domaine alors si peu connu. Et comment oublierais-je que c'est le délégué officiel japonais du Comité

Nobel de Physiologie ou de Médecine qui m'a valu l'honneur de me faire « nommer » comme notre candidat en 1975 ?

La large ouverture de l'intelligence d'Ohsawa rendait toute conversation avec lui d'un grand intérêt sur le plan scientifique, comme philosophique.

Il avait su se placer à partie égale sur la civilisation d'Extrême-Orient et sur celle de l'Occident, équilibre assez rare, car malgré une longue pratique de ces deux civilisations on a tendance à pencher d'un côté ou de l'autre, selon son atavisme. Il sut garder le juste milieu en tout. Il est d'ailleurs remarquable de constater combien à ce jour de scientifiques occidentaux accueillent avec sympathie la conjonction entre leur science traditionnelle et la philosophie d'Extrême-Orient. Ohsawa était donc très en avance sur son temps, et s'il était encore parmi nous, je crois qu'il serait vivement impressionné par l'ampleur de ce mouvement.

Jamais il ne fut intransigeant, même dans la diététique qu'il préconisait, la « macrobiotique ». Il rejetait tout absolu, tout simplisme. Il savait qu'on ne transforme pas un être humain en une génération. La structure intime de nos cellules est le résultat d'une très longue et complexe action du milieu dans lequel nous vivons. Comme l'a montré aussi Alexis Carrel (L'Homme, cet Inconnu), la « perméabilité », la « sélectivité » des membranes de notre intestin grêle sont la conséquence du métabolisme qui, peu à peu, en des milliers d'années nous a faits ce que nous sommes. Il serait vain de vouloir d'un seul coup passer de la « civilisation du blé » à la « civilisation du riz ». Nous n'assimilons pas tous les bases de notre alimentation de la même façon, en règle générale (mais bien entendu il y a des exceptions, partout, dans tous les domaines). Il faut s'observer. Celui qui perd de vue la complexité de la biologie peut être conduit à des surprises sur le plan de la santé.

Est-ce à dire que, par exemple par une attention particulière à son régime alimentaire, on évitera toutes les maladies ? Entre autres le cancer qui se développe tellement ? Ce n'est pas prouvé. Notre science actuelle, si orgueilleuse, si pleine de suffisance, est cependant dans l'obligation de s'incliner devant notre ignorance des causes réelles des cancers. Certaines formes peuvent être guéries, ou atténuées, mais on ne peut rien prévoir à coup sûr, puisque, toujours, il y a un facteur personnel qui joue ; jamais il n'y a de règle générale valable pour tous, absolue.

Peut-être — ce n'est qu'une vue personnelle — que la recrudescence de cette affection n'est pas étrangère aux agressions multiples que nous imposent la trépidante vie actuelle, ses « stresses », une nourriture trop frelatée par la culture chimique et l'emploi de substances chimiques de synthèse si diverses ? La conséquence serait une altération des moyens de défense de la cellule, une diminution progressive de notre immunité à certaines agressions ; les cellules devenues anormales ne seraient plus rejetées. Or il semble que cette expulsion soit sous la dépendance d'une hormone de rejet spécialisée, l'interféron. Mais l'injure subie peut dépasser les possibilités de synthèse de cette substance qui nous immunise, ou bien celle-ci est produite en quantités trop faibles chez certains individus. On recherche actuellement les moyens d'activer cette production d'interféron, ou d'en produire par un moyen de stimulation indirect. Mais, pour le moment, les quantités produites sont très faibles, d'où un prix prohibitif, et elle vaut plusieurs dizaines de millions de dollars le gramme (mais, bien entendu, il n'en faut qu'une très faible portion de gramme par personne traitée).

Cependant, on constate que des cancers nettement établis peuvent ne plus se développer. Il y a une rémission de plusieurs années, une guérison même, car cette maladie ne peut pas, dans ces cas, être rendue responsable d'une mort qui arrivera toujours, plus ou moins tard, pour tout autre cause.

Ohsawa a fait part de rémissions qu'il a obtenues. Je n'en suis pas surpris. Il a su convaincre, communiquer sa foi en une alimentation efficace qui stimule l'organisme au lieu de le fatiguer. Quelle est la part de l'action directe de sa macrobiotique et la part d'une autosuggestion ? Il sera toujours difficile de le dire, car il est impossible de séparer totalement le physiologique du psychique ; il est toujours important de conserver une croyance très forte en sa guérison possible ; celui qui s'abandonne est perdu. Je n'ai aucun moyen d'affirmer quoi que ce soit ; je n'ai jamais fait de recherche scientifique dans ce domaine. Mais ce dont on peut être certain, c'est que le phénomène existe bien et nombreux sont ceux qui peuvent témoigner qu'ils ont vu chez eux stopper cette marche trop souvent inexorable d'une maladie, sans qu'on puisse dire exactement pourquoi.

Ne négligeons pas la foi en une méthode. Elle est considérable. On connaît le « réflexe du chien de Pavlov » qui salivait à l'apparition d'un signal qui annonçait l'arrivée de sa nourriture. Et pour l'homme, « l'eau vient à la bouche » rien qu'en pensant à une friandise exceptionnelle... L'intelligence d'Ohsawa lui avait montré cette interréaction du spirituel et du temporel, du corps et de l'esprit et son enseignement en faisait la synthèse.

Voici peu de temps, j'ai eu la visite d'un grand chirurgien des États-Unis, propriétaire d'un Centre Médical en Floride. Il était venu, avec deux professeurs, se rendre compte sur place de mes travaux. Il me déclara être allé voir les « guérisseurs philippins » avec un de ses malades atteint d'un cancer trop avancé pour être opéré. Des radiographies avaient été faites avant son départ. Au retour, de nouveaux clichés montraient que la tumeur était toujours présente, n'ayant pas diminué en volume. Les « guérisseurs philippins » s'étaient livrés à des séances de prestidigitation, avec une mise en scène destinée à influencer le malade. Mais il n'y eut aucune extirpation ou réduction de la tumeur. Cependant celle-ci ne se développa plus, il y avait une rémission effective ; elle était « figée ». C'était donc en fait une guérison. Le « choc émotionnel » avait-il eu pour conséquence une hypersécrétion d'interféron suffisante pour arrêter le développement des cellules cancéreuses ? Quelle que soit l'hypothèse émise sur la cause, l'effet était là, impossible à nier.

Il n'est donc pas possible de rejeter systématiquement toute guérison obtenue par Ohsawa, peut-être par le même phénomène, auquel contribue en outre une nourriture plus appropriée que l'alimentation habituelle du patient ? J'apporte ici une hypothèse personnelle, sans plus. C'est dire que la Macrobiotique, tel qu'il l'a préconisée, ne saurait être rejetée d'un revers de main, au nom d'une prétendue diététique « officielle »... expression dépourvue de toute signification scientifique d'ailleurs.

En tout cas, sachons gré à cet esprit vraiment supérieur de nous avoir apporté l'expression d'une haute intelligence et que son souvenir reste présent longuement encore : il peut nous apporter tant de sages conseils : le corps disparaît, mais l'esprit est éternel, et, ce sera ma conclusion : *ce fut vraiment un grand homme*.

Préface par le Docteur Lebrun de Marseille

Georges OHSAWA, décédé le 24 avril 1966 à l'âge de soixante treize ans, laissa derrière lui un fabuleux héritage : ses écrits sur les méthodes naturelles de guérison macrobiotique, directement issues de la médecine orientale traditionnelle.

La philosophie orientale admet que tous les êtres et toutes les choses présentent deux aspects YIN et YANG à la fois opposés et complémentaires, et que les interactions et les mouvements perpétuels de YIN et de YANG sont à l'origine de la création et de la transformation permanente des êtres vivants dans l'univers. Ainsi, tous les processus de genèse, de développement et de destruction des êtres et des choses reposent sur la loi d'interaction YIN-YANG. La doctrine YIN-YANG devient un mode de pensée pour connaître et comprendre les lois naturelles de l'univers. Appliquée dans le domaine médical, elle montre que l'état de santé dépend de l'équilibre YIN-YANG (d'où découle l'homéostasie de l'être vivant au sein de l'environnement) ; et qu'inversement, l'état de maladie résulte de la rupture de cet équilibre. Sur le plan pratique, pour reconnaître la nature de la maladie et pour déterminer les lois régissant sa genèse et son développement, en vue d'adapter une conduite thérapeutique, il est indispensable de comprendre au préalable les notions de YIN et de YANG, leur contenu, leur rôle et leurs caractères. A ce propos, So Ouenn, maître antique de la médecine chinoise, a écrit : « *Il faut suivre harmonieusement les quatre saisons... Les quatre saisons (YIN et YANG) sont l'origine de tous les êtres et de toutes les choses. Au printemps et en été, le sage conserve soigneusement son YANG ; en automne et en hiver, son YIN. Il suit ainsi sa genèse. Il partage avec tous les êtres et toutes les choses, les vicissitudes des lois de la nature. Sans cela, sa vie sera troublée, son énergie éteinte... »*

C'est donc par la magie du YIN et du YANG qu'Ohsawa nous donne dans ce livre, écrit la dernière année de sa vie, la clef du bonheur, de la santé physique, mentale et spirituelle, l'explication de la maladie et du cancer en particulier.

D'après lui, le cancer est une rupture de l'équilibre YIN-YANG ; c'est un pur produit de la civilisation occidentale, une mise en garde de l'ordre de l'univers avant la destruction totale de l'occident technique et scientifique, un résultat du matérialisme omniprésent et de l'abandon du spiritualisme. Afin de rétablir un état d'harmonie dans le domaine physique, l'auteur recommande un changement radical des habitudes hygiéno-diététiques ; sur le plan du mental et du spirituel, il insiste sur un changement complet d'attitude face à la vie.

J'espère que vous éprouverez autant de plaisir et de bonheur que moi à la lecture de cette œuvre qui vous transporte dans le monde de l'infini, ou si vous préférez, dans le « royaume des cieux ».

Dans cet ouvrage, Ohsawa professe : « *Si vous guérissez d'une maladie incurable par la macrobiotique, vous devez étudier, comprendre, et assimiler pourquoi vous avez été malade et les causes de votre guérison « miraculeuse », et enseigner cette philosophie à vos enfants et voisins* ».

Je vais donc témoigner ici de ma propre guérison par la macrobiotique. De 1973 à 1985, je souffrais d'une maladie autoimmune qui détruisait mon système rénal, ma thyroïde, mon oreille interne et probablement d'autres viscères. En 1985, les bilans rénaux témoignaient d'une insuffisance rénale profonde ; une scintigraphie thyroïdienne montrait deux tumeurs, un audiogramme objectivait une baisse auditive de 80 % sur l'oreille droite et de 50 % sur l'oreille gauche. Je débutai un traitement macrobiotique à la suite d'une consultation avec Michio Kushi, disciple d'Ohsawa et principal représentant de la macrobiotique aux USA. Dès lors, j'ai changé radicalement de mode de vie et suivi à la lettre les prescriptions hygiéno-diététiques macrobiotiques, autant de conseils qu'Ohsawa recommande dans son livre « Cancer et philosophie d'Extrême-Orient ». Tous les symptômes disparurent un à un : fonte des tumeurs thyroïdiennes, obtention d'un bilan rénal strictement normal, acuité auditive satisfaisante, disparition de l'asthénie... etc.

Mes conclusions sont que :

— Les lois de la santé sont simples. Le chemin de la santé et du bonheur n'est pas le dédale inextricable décrit par nos professeurs en « mystères médicaux ». En suivant leurs codes diététiques, on est étourdi par une foule de préceptes et de prescriptions incongrues, de compromis laborieux entre les théories anciennes et nouvelles, de règles arbitraires, d'exceptions illogiques, de restrictions, et de remèdes anti-naturels.

— La médecine occidentale, pour ne pas mourir, devra remplacer ses méthodes matérialistes par celles d'une science fondée sur les lois divines qui régissent notre propre nature. De sorte que le médecin de l'avenir aura deux buts essentiels : le premier sera d'aider le patient à se connaître lui-même et de lui montrer ses erreurs fondamentales, causes premières de sa maladie ; il devra être capable d'indiquer au malade les meilleurs moyens d'établir l'harmonie nécessaire à la guérison. Le second devoir du médecin consistera à administrer des remèdes naturels qui aideront le corps physique à reprendre des forces et l'esprit à retrouver le calme, à élargir son horizon et à tendre vers la perfection.

Comme Ohsawa l'expose, la disparition de la maladie suppose que l'homme prenne conscience des lois inaltérables de notre univers et s'y adapte ; ce qui lui apportera la vraie joie, le vrai bonheur de vivre. Le rôle du thérapeute est d'amener le malade à la connaissance de cette vérité afin qu'il puisse acquérir l'harmonie de la personnalité et la guérison du corps.

Docteur Thierry LEBRUN

Préface par le Docteur Le Berre

A la grande foire-exposition des moyens de lutte contre le cancer, les stands rivalisent de luxe, de technicité, de promesses clinquantes : ici on vous coupe en lamelles, là-bas en morceaux hexagonaux... dans tous les cas on explore, on dissèque, on enlève, on remplace, on tue l'animal venu d'on ne sait où.

Parmi tout cela, un petit homme, plein d'enthousiasme et de fraîcheur malgré ses 72 ans ; à côté de lui un tableau naïf de fleurs des champs pour orner ce qui résume sa méthode « Vivere Parvo » ; tandis qu'il vous explique le chemin, vous entendez le chant de l'alouette. Les gens pressés se ruent vers la queue des stands à néon et sonorisation d'époque, en se contentant de prononcer quelques mots d'indifférence ou de moquerie à son égard ; certains vont même au bureau des réclamations pour faire expulser ce charlatan, mais peu prennent le temps d'écouter, d'essayer de comprendre, encore moins nombreux ceux qui choisissent le chemin... et pourtant !!

Pour l'auteur, la maladie n'est qu'un manque de savoir-vivre, le cancer en particulier adapté à notre temps d'aujourd'hui tel que chaque jour nous le formons, nous le créons dans toute la texture de notre être, de la couche physique la plus matérielle à notre enveloppe spirituelle la plus subtile.

Le changement alimentaire proposé n'est pas seulement une modification diététique au sens où nous l'entendons communément, c'est une prise de conscience et une réharmonisation de toutes nos énergies.

Les aliments que nous offre la Nature, avec au centre la

céréale complète en grains, nous apportent toutes les énergies dont nous avons besoin pour guérir d'une maladie, mais bien plus pour permettre à la Vie de s'épanouir pleinement en chacun d'entre nous. La cuisine macrobiotique est l'art d'harmoniser ces énergies en fonction de l'être à qui elle est destinée... c'est une merveilleuse cuisine pleine de finesse et d'amour. Mais à travers la modification alimentaire il s'agit de laisser s'opérer une transformation profonde de tout notre être qui, réalisant l'harmonie de l'Univers, en termine avec ses peurs, ses colères, ses rancœurs et, dans une confiance totale, s'extasie sans fin devant le monde auquel enfin il reparticipe.

C'est cette confiance dans l'ordre de l'Univers qui permet d'atteindre la joie dans la simplicité, la justice absolue, la pauvreté, qui n'est plus dès lors une privation subie et déplorable, mais au contraire signe de la générosité de l'Univers qui rend totalement désuète la peur du lendemain et donc le besoin de thésauriser.

La Médecine actuelle ne croit pas à la réversibilité des phénomènes pathologiques, en réalité elle nie la Vie. Bien qu'évoluant dans ses techniques, elle est statique car elle garde fondamentalement une vision cadavérique du corps humain, vision où la conduit la fragmentation de l'individu, objet de connaissance et de manipulation, mais non sujet participant à la vie éternellement neuve.

Plus claire la technicité physique, plus opaque la vision métaphysique.

Pourtant, à l'heure où se développe la menace grandissante du SIDA, la médecine officielle ne peut guère pavoiser tant ses succès dans la lutte anti-cancéreuse sont limités : chimiothérapie dans les hémopathies et certaines localisations néoplasiques, intérêt de la chirurgie précoce. La maladie cancéreuse se porte bien.

Les espoirs actuels sont fondés sur la biologie moléculaire, immense et superbe champ d'exploration de la Vie.

Hélas, au lieu d'écouter le message que chaque cellule porte en elle, le médecin moderne a transposé au niveau cellulaire les mêmes tares qui l'empêchent de comprendre la Vie à sa propre échelle d'Être humain : fascination par le symptôme apparent, volonté immédiate de trouver un remède à ce symptôme, qu'il soit chimique (médicament) ou « chirurgical » (opération sur le matériel génétique en particulier).

Si bien que pour le moment toute cette recherche extraordinaire, réellement fantastique, peut n'apparaître que comme une fuite, un divertissement au sens pascalien du terme, alors qu'à chaque instant elle met en évidence l'ordre de l'Univers au niveau cellulaire.

Chaque nouveau pas de cette connaissance moléculaire montre l'extraordinaire précision des mécanismes vitaux, l'ordre qui règne est non seulement nécessaire à la Vie mais manifestement partie intégrante de la Vie elle-même. Toute cette recherche crie que l'ordre de l'Univers n'est pas une conception philosophique abstraite mais une réalité biologique fondamentale.

Comment l'homme ne le voit-il pas ?

Comment l'homme ne voit-il pas qu'à son échelle il ne sème que le désordre en ne respectant rien d'autre que son plaisir matérialiste immédiat ??

Quel mystère !! Quel étrange mystère !!

Mais Yang produit Yin.

Au bout de la connaissance matérialiste de la biologie moléculaire, il reste à espérer que le chemin débouchera sur la reconnaissance et l'ouverture à la Vie, la réhabilitation des conceptions orientales séculaires, réalisant ainsi la rencontre et la réharmonisation entre l'Est et l'Ouest, Yin et Yang, d'où jaillira non seulement la guérison du cancer mais bien plus la guérison de tout notre Être et de notre Planète, car la connaissance occidentale sera totalement ressourcée par la contemplation orientale.

C'était d'ailleurs le rêve de Georges OHSAWA ; la réédition de ce livre ne peut que participer à cette grande réconciliation qui remettra l'Homme à sa juste place entre Terre et Ciel.

Docteur Nicolas LE BERRE

Le Cancer
et la Philosophie d'Extrême-Orient

INTRODUCTION

Mes chers amis de tous les pays !

J'ai écrit ce petit livre au commencement de ma soixante-douzième année, en suivant mon propre sentier que je monte seul depuis cinquante ans. Le but de ce petit livre, mon septième ouvrage en français, est, comme toujours, de mener à la compréhension mutuelle de l'Est et de l'Ouest. Je m'efforce de vous faire comprendre la mentalité des Orientaux et autres colonisés, la mentalité que Lévy-Bruhl a appelée la « mentalité primitive ». Au train où vont les choses, cette mentalité devrait bientôt disparaître. Partout, les primitifs sont en voie d'extinction ou d'assimilation par les civilisés, à l'exemple des Indiens d'Amérique.

La mentalité primitive est sans doute simple, enfantine, parfois ridicule. Mais elle possède une propriété très belle, très pratique et très profonde, une propriété inconnue des civilisés, une philosophie dialectique extrêmement simple, condensée dans deux mots antagonistes : Yin et Yang, Tamajic et Rajasic, etc... Cette philosophie est une conception synthétique du monde, d'où découlent toutes les sciences et techniques d'Extrême-Orient. Toutes les sciences et techniques sont unifiées dans l'énoncé de son principe unique. La médecine, par exemple, n'est qu'une application de ce principe unique selon lequel toute chose nous apparaît sous deux aspects opposés.

Le monisme dialectique était bien connu aussi en Europe, même 2.000 ans avant Jésus (druides, Celtes, etc...). Il n'y a jamais été totalement détruit, même à l'époque moderne. L'agent principal de sa décadence a été l'interprétation de la religion de Jésus, le christianisme, qu'on a rendu résolument dualiste (deux natures : le Bien et le Mal, Dieu et le Diable, etc..., le Matériel et le Spirituel, l'Ame et le Corps...). Thomas d'Aquin était résolument dualiste (« Dans le monde, il n'y a jamais trop de Bien »). Ceci est factice. Hegel étudiait et enseignait cette dialectique moniste paradoxale. Un étudiant de Hegel, Karl Marx a utilisé cette dialectique pour fortifier sa théorie sociologique. Les étudiants de Marx ont réussi à établir une société puissante grâce à cette logique dialectique. Enfin, les descendants de ces étudiants ont réussi à fabriquer les premiers « Spoutniks ».

Mais on n'a pas encore étudié la manière d'appliquer cette dialectique à la science de la vie. En Occident, la biologie, la biochimie, la physiologie, la médecine, etc... sont restées en marge de la vie. Ces sciences n'étudient que la structure du vivant ; elles n'utilisent que des connaissances physico-chimiques ne dépassant pas le niveau des électrons. Mais la vie est beaucoup plus profonde que le domaine des électrons. Elle crée les nucléons de tous les atomes et elle crée tous les organismes qui peuvent transmuter les atomes. Elle crée surtout les activités mentales et spirituelles, telles que imagination, compréhension, jugement, volonté, pensée, etc... La vie transmute les atomes sans requérir ni grande chaleur, ni grande pression ; c'est miraculeux. La philosophie d'Extrême-Orient, unificatrice de la biologie, de la biochimie, de la physiologie, de l'agriculture, de la botanique, de la zoologie et de la médecine, nous enseigne comment guérir toutes les maladies déclarées « incurables » par la médecine occidentale ; et ceci par une méthode réputée paradoxale, dépourvue d'opérations sanglantes, n'utilisant aucun produit chimique, opérant exclusivement par le simple choix des aliments quotidiens, d'après l'ordre de l'univers : le régime macrobiotique.

Plusieurs d'entre vous l'ont vu opérer ; sa pratique a guéri plusieurs d'entre vous, que la médecine officielle avait condamnés comme « incurables ». Certains d'entre vous l'ont enseignée et en ont sauvé beaucoup d'autres. Au point que les magasins qui vendent des produits de santé, et même les plus grands magasins de France, de Belgique et des Etats-Unis, vendent aujourd'hui nos produits macrobiotiques. Toutefois, la médecine officielle continue à ignorer l'apparition de la macrobiotique, bien qu'elle ait reconnu l'utilité et l'efficacité de l'acupuncture, que j'ai introduite en Occident il y a plus de 35 ans. Sans doute est-ce dû à ce que l'acupuncture est une thérapeutique symptomatique si simple à apprendre que l'on peut l'appliquer sans avoir à étudier profondément le principe unique. Le massage et le moxa sont d'autres thérapeutiques également symptomatiques, simples, faciles à apprendre et pouvant se pratiquer sans danger. Il y a quelques dizaines de milliers d'acupuncteurs au Japon. Quelques centaines de milliers en Chine, 5.000 en Europe, surtout en France et en Allemagne. Il y a 7 ans, tous les journaux parisiens en parlaient. Même tout récemment, un grand article intitulé : « Une médecine différente : l'Acupuncture » est paru dans la revue Planète (n° 13).

L'arrangement des fleurs, le Judo, le Bonkei (paysage naturel en miniature), toutes ces applications du principe unique Yin-Yang, que j'ai commencé à montrer à Paris il y a 40 ans, sont assez répandues de nos jours. Surtout la culture du riz, qui était tout à fait inconnue il y a 40 ans : maintenant la France est une des plus grandes productrices de riz en Europe : 100.000.000 de kilos par an. On peut en acheter partout, même par sacs de 50 kilos. Il y a 40 ans, le riz se vendait en petites boîtes de 50 grammes. Il me fallait alors en acheter une centaine de boîtes par mois ! Comme il était difficile de trouver un épicier qui puisse me satisfaire !

Mais tout change ! Le temps passe !

Il y a aujourd'hui 2 ou 3 restaurants macrobiotiques où l'on peut manger du riz complet à Paris, ainsi qu'à New York, à Los Angeles et même à Stockholm, au pays des Vikings !

Pourquoi donc la médecine officielle en Occident ne reconnaît-elle et ne recommande-t-elle pas la macrobiotique ? Serait-ce qu'elle ne veut pas perdre la face ?

Mais tout ce qui doit arriver arrive ! Et ce qui arrive, c'est le cancer, aujourd'hui considéré comme le plus grand ennemi de l'homme en Occident. D'après la philosophie dialectique, la philosophie du bonheur éternel, de la liberté infinie et de la justice absolue, le cancer est en réalité le plus grand bienfaiteur de l'homme. C'est lui, le cancer, qui freine la vitesse formidable et catastrophique de notre civilisation, qui vole vers l'extrémité du dualisme !

Cependant que les bombes à hydrogène nous retiennent de nous tuer les uns les autres inutilement, le cancer nous sauve de l'impasse de la civilisation scientifique et technicienne, étrangère à la vie, à la spiritualité, au monde et à la justice absolue qui crée et gouverne tout dans cet univers.

Vous avez déjà vu des malades qui se sont guéris eux-mêmes en étudiant et en pratiquant la philosophie dialectique, en Europe aussi bien qu'aux Etats-Unis. Souvent, ils avaient été officiellement déclarés « incurables », non seulement du cancer, mais de toutes sortes de maladies physiques et mentales. De plus, ils ont obtenu la liberté infinie, le bonheur éternel et la justice absolue que les hommes ont tant recherchés depuis des milliers d'années.

Le but des cinq grandes religions de l'homme — religions plusieurs fois millénaires, inventées en Orient — m'apparaît avant tout être de sauver l'homme de ses « quatre grandes souffrances physiologiques » (souffrance de vivre, souffrance de la maladie, souffrance de la vieillesse et souffrance de la mort), c'est-à-dire de procurer la santé, la longévité et la jeunesse maintenue, qui sont la base fondamentale de notre bonheur et de notre liberté. Mais, à travers les siècles, les religions sont tombées dans les mains de religieux professionnels qui ne sont que des phonographes débitant des mots et des paroles sacrés. Quelques savants, il est vrai, ont une connaissance conceptuelle des buts de la religion, mais, malheureusement, ces hommes ne sont pas du tout pratiques.

Après avoir passé plus d'une cinquantaine d'années à étudier, pratiquer et enseigner le principe unique de la philosophie dialectique, je crois le temps venu de m'adresser aux penseurs occidentaux, leur demandant d'étudier, eux aussi, cette logique paradoxale, enfantine, en apparence, trop simple mais en en réalité très pratique et très efficace lorsqu'on l'applique à la vie quotidienne. Voilà la raison qui m'a fait écrire ce petit livre.

Il est reconnu que notre civilisation scientifique et technicienne, sinon toute l'humanité, se trouve au bord d'une catastrophe ! L'homme civilisé moderne est profondément enveloppé par le « smog » de l'incertitude, de la peur politique, sociologique et physiologique, de la peur des crimes atroces, des maladies incurables dont la plus redoutée est le cancer.

Les civilisés ont sans doute réussi à révolutionner ce monde d'esclavage et de misères et à établir une brillante civilisation scientifique et technicienne. Elle est sans pareille et sans précédent dans toute l'histoire de l'homme. Tous, nous l'admirons et nous l'aimons.

Mais, « plus grande la face, plus grand le dos » ! Cette civilisation si brillante, et avec elle toute l'humanité, sont menacées à chaque instant du danger d'explosion. Nous pouvons tout perdre et nous pulvériser !

Quel dommage !

Mais quelle est la cause de cette auto-explosion ?

La civilisation scientifique et technicienne, très puissante et gigantesque dans son envergure apparente, marche avec une vitesse formidable, constamment accélérée, à travers les ténèbres d'un océan inconnu et déchaîné. L'équipage de ce grand paquebot mobilise tous les instrument de précision afin de déterminer une bonne orientation. Hélas, les instruments ne donnent pas le résultat espéré. Il n'y a rien à faire ; tout l'équipage s'épuise et se désespère... Mais, parmi les milliers de passagers de ce paquebot, il y a un Oriental très âgé qui connaît le moyen de trouver une bonne orientation, d'après une constellation d'étoiles lointaines. Il offre volontairement ses services en tant qu'ancien astronome. Pendant de longues années, il a étudié un antique système d'astronomie plusieurs fois millénaire. Cet astronome, d'après les deux savants français Bios, père et fils, pouvait prévoir les éclipses de soleil il y a 4.000 ans ! Toutefois, il apporte davantage : ce vieux passager peut offrir plus que son astronomie, mais encore sa connaissance d'une route plus sûre; celle du bonheur éternel, de la liberté infinie et surtout de la justice absolue, qui peut transmuter tout malheur en bonheur. Mieux encore : il est en mesure d'affirmer que plus grand est le malheur, plus grand sera le bonheur.

Toutes vos critiques, même sans cérémonie, seront reçues avec une grande joie. Je suis à votre entière disposition pour vous fournir toutes les informations à propos de ce mouvement philosophique et physiologique dans ce Nippon invisible et si peu accessible aux étrangers.

CHAPITRE I

Le Cancer
ennemi ou bienfaiteur de l'humanité ?

La dernière forteresse de la civilisation orientale, l' « invincible » Nippon, qui s'était fortifié en utilisant la civilisation occidentale, a capitulé à la suite des deux premières bombes atomiques. Plus de 318.000 civils ont été inhumainement tués en quelques secondes dans les deux villes pacifiques de Hiroshima et Nagasaki. De plus, quelques millions d'autres ont été intoxiqués ou mutilés ; quelques milliers en meurent encore chaque année. Tout ce qui a un commencement a une fin !

La civilisation orientale était morale, comme le montre la stratégie de Gandhi. Mais l'Invincible Nippon, le meilleur étudiant de la civilisation occidentale, avait travaillé à s'occidentaliser depuis 80 ans. Le général Tojo, chef de militaires simplistes et fanatiques, voulut montrer que le meilleur étudiant de la civilisation de l'Ouest était devenu supérieur à son maître. C'était de l'arrogance. Il avait oublié l'enseignement oriental qu'il avait appris dans sa jeunesse, surtout la stratégie de Song-tse, la stratégie de l'amour. La défaite totale et complète de l'Invincible Nippon fut un fait sans précédent dans toute notre histoire. En suite de quoi, nous avons volontairement renoncé à la force militaire pour toujours.

L'Invincible Nippon n'existe plus. Tout change, tout disparaît dans ce monde éphémère et relatif. Rien n'y est constant ni éternel, à l'exception d'une seule règle : la loi de toute transmutation Yin-Yang.

Au contraire du Japon, les Etats-Unis ont vaincu. Mais ce fut pour tomber dans d'autres difficultés, beaucoup plus graves que la guerre. On dit que les Etats-Unis ont fabriqué 60.000 bombes H et que les Soviétiques en ont 30.000 ; avec ces 90.000 bombes H, on peut anéantir soixante-quinze fois l'humanité entière. Une telle situation supprime les perspectives de paix durable bien autrement qu'elles ne le furent pendant la guerre. La paix par la menace, c'est la paix de la mort. Qu'on utilise ces engins meurtriers sans précédents, et ce sera le suicide de toute l'humanité, ou presque.

En plus de ces difficultés stratégiques, il y a les difficultés biologiques, physiologiques, mentales et morales : cancer, allergies, diabète, maladies cardiaques et circulatoires, et surtout maladies mentales et morales (criminelles) qui dépassent en importance ces premières maladies physiologiques. Les Américains leur consacrent une dépense de 300 dollars par tête chaque année (et ceci ne comprend pas les dépenses du gouvernement et des institutions officielles) : le total en est 54.000.000.000 de dollars. Malgré cela, le nombre des malades augmente sans cesse, et qui plus est, il apparaît beaucoup de maladies nouvelles dont la plupart sont dues directement aux médecins et aux médicaments. On les appelle maladies iatrogéniques.

Voilà pourquoi l'homme et surtout l'homme civilisé, vit péniblement dans la compagnie quotidienne de l'incertitude et de la peur. Il n'y a aucun espoir fondé de santé durable. Voilà où nous en sommes.

La médecine occidentale a sans doute énormément progressé. Il n'y a guère plus de cent-cinquante ans que François Quesney l'a émancipée des échopes des barbiers. En ces quelques années, elle a progressé beaucoup plus qu'elle ne l'avait fait dans les deux mille trois cents ans précédents qui la séparent de l'époque d'Hippocrate. Ceci est généralement admis. Il est incontestable que l'on trouve partout aujourd'hui de grands hôpitaux dont le nombre ne cesse d'augmenter. Mais il n'est pas moins incontestable que le nombre des malades et des nouvelles maladies s'accroît en même temps. Et puis : le cancer demeure invincible ! En réalité, toutes les autres maladies sont également invincibles. La médecine occidentale croit avoir guéri la maladie quand elle en a éliminé les symptômes ou les conséquences immédiates ; elle ne s'occupe pas des causes. Ce ne sont pas les microbes ou virus qui causent une maladie infectieuse : il y a immunité naturelle contre tous les organismes étrangers. Mais pourquoi le malade a-t-il perdu son immunité naturelle ? Là se trouve la cause de la maladie. Pourquoi ne recherche-t-on pas la cause dans la médecine occidentale ? Est-ce dû à la mentalité des civilisés ? C'est tout à fait incompréhensible !

Les nuages noirs de l'incertitude et de la peur qui suppriment toute visibilité à tous les horizons de l'homme, joints à la maladie invincible (maladies mentales et crimes) qui progresse à pas de géant, nous obligent à repenser le problème de la civilisation scientifique et technicienne — principalement celui de la médecine symptomatique que nous avons adoptée avec précipitation depuis environ un siècle. Notre pensée se retourne alors vers cette civilisation plusieurs fois millénaire que nous avons abandonnée si naïvement à la rencontre de la brillante civilisation occidentale, civilisation de la technique, de la force, du confort et du plaisir. A beaucoup de points de vue, notre civilisation était diamétralement opposée à celle de l'Ouest. Le moteur de cette dernière est la volonté de satisfaire les désirs sensoriels et sentimentaux, tandis que le moteur de la première est la volonté de réaliser le « moi », de perfectionner la personnalité, de connaître la signification de la valeur de la vie, du monde et de l'univers. Le septième ciel s'obtient en triomphant de tous nos petits désirs et plaisirs éphémères à travers toutes les difficultés de ce monde relatif et toutes les tristesses sentimentales. L'on y trouve et l'on y vit la justice absolue qui est le bonheur éternel et la liberté infinie. La voie « occidentale » est la route facile ; l'autre est le sentier difficile...

Le « smog » de l'incertitude et de la peur obture la vue sur tous nos horizons. Il a conduit la civilisation scientifique et technicienne au fond d'une impasse. A cette vue, le vieil auteur de ces lignes éprouve les regrets les plus profonds. Il se remémore les paroles des sages de l'Est qui vivaient sur cette planète il y a des milliers d'années et qui vivent encore dans leurs paroles, ces paroles qui nous donnent la lumière, l'espoir et le courage. Ces sages furent de véritables hommes libres : Lao-tse, Song-tse, Bouddha, Nagarjuna...

Pauvre et orphelin à l'âge de 10 ans, je n'ai pas pu recevoir l'enseignement de la civilisation (moderne officielle) dans ma jeunesse. Tout compte fait, ce fut heureux. (J'admire la pauvreté et les difficultés qui seules peuvent nous fortifier et nous donner soif et faim de justice !). Je m'efforçais d'absorber tout l'enseignement traditionnel qui vivait encore en ces jours-là dans la vie quotidienne de ce petit pays, à l'extrémité orientale du monde civilisé ou colonisé.

Plus grande la face, plus grand le dos ! Plus grand le malheur, plus grand le bonheur ! Si vous avez une des maladies les plus redoutables (par exemple le cancer du foie), vous êtes assurés d'être sauvés le plus miraculeusement. Un exemple entre mille : j'étais moi-même un des plus misérables « sans famille » à l'âge de 10 ans. Mon avidité à faire connaissance avec la civilisation occidentale fut d'autant plus forte. Maintenant, je suis une rareté : un Japonais parmi les plus traditionalistes qui ait vécu plus de 20 ans en Occident.

Malheureusement, et aussi heureusement, je fus abandonné à l'âge de 18 ans par la médecine occidentale. Je souffrais de tuberculose pulmonaire, comme ma mère qui en mourut à l'âge de 30 ans, comme mon unique frère cadet (mort à 16 ans) et comme aussi mes petites sœurs. Ma famille fut l'une des milliers et des milliers de familles qui ont disparu, faute de savoir s'adapter à la nouvelle civilisation exotique. Mais je me suis sauvé à l'âge de 20 ans grâce à la pratique de l'enseignement des anciens sages, hommes libres, surtout grâce à la philosophie unificatrice, mère de toutes les sciences et de toutes les techniques orientales. L'enseignement de Jésus fut aussi en même temps médecine, morale, savoir-vivre, une véritable médecine du bonheur. Puisque nous sommes corps et âme, que la matière et la spiritualité sont les deux faces de notre unique existence, nous pouvons agir sur la maladie en l'attaquant de ces deux côtés. Le traitement du côté matériel est forcément plus facile, mais symptomatique et sans fin, tandis que le traitement de l'intérieur de la personnalité, ou spiritualité, est plus difficile mais radical et quelquefois miraculeux. C'est pourquoi Jésus a sauvé tant de malades dits « incurables » si facilement et miraculeusement.

La méthode d'or de Jésus est : « Prier et jeûner ». C'est aussi la technique fondamentale de toutes les écoles où l'on apprend à se diriger vers le royaume du bonheur éternel, de la liberté infinie et de la justice absolue dans tous les pays asiatiques, aujourd'hui comme il y a des milliers d'années : Bouddhisme, Taoïsme, Shintoïsme, toutes les philosophies de l'Inde, toutes les religions traditionnelles et toutes leurs écoles actuelles. Aux maîtres de ces écoles religieuses, morales, philosophiques ou culturelles, il n'est pas permis de tomber malades ni d'être tués soit par assassinat soit par accident en n'importe quelles circonstances. Lorsque je visite des hôpitaux catholiques ou protestants un peu partout en Europe, aux Etats-Unis, en Afrique ou en Inde, je suis très fortement choqué : ils pratiquent tous la thérapeutique de la médecine « scientifique » officielle ! Quelle honte ! Quel crime ! Ils témoignent plus de confiance dans la vertu des médicaments et du traitement médical qu'ils n'en accordent à la Toute Puissance de leur Dieu. Si la religion ne nous garantit pas la santé, base fondamentale de notre bonheur, je la tiens pour menteuse ou pour un « opium ». Toutes les grandes religions d'Extrême-Orient nous garantissent le bonheur immédiat dans ce monde, non pas au paradis. S'il y en a une qui ne le peut pas, elle est fausse, décevante, elle n'est que superstition.

« Vivere parvo ! » est une autre expression de « Prier et jeûner ». En pratique, « Vivero parvo » signifie : « Sois détaché de tout ce qui n'est pas absolument et immédiatement nécessaire ; il ne faut manger et boire que le minimum absolument nécessaire (la quantité change la qualité !) ; il ne faut prendre tout ce qui est absolument nécessaire qu'en quantité suffisante, et rien de plus ». Si c'est là le sentier qui doit nous conduire vers le bonheur et la justice absolus, comme l'ont enseigné Jésus, Bouddha, Lao-tse, etc..., pourquoi la santé absolue ne serait-elle pas garantie à tous ? La civilisation scientifique et technique est en fait la seule religion créée en Occident : elle conduit dans une voie tout à fait contraire à la nôtre : vivre dans l'abondance, dans la jouissance et la satisfaction illimitée de tous les désirs sensoriels, sentimentaux, économiques. Elle est la concrétisation de l'insatiable et folle voracité de l'homme. C'est pourquoi tous les sages traditionnels de l'Orient moderne sont contre la civilisation occidentale : Gandhi, Aurobindo, surtout Tagore... Tensin Okakura, Mao-tse-tung, et tous les grands maîtres non académiques et non officiels de la philosophie, de la morale et de la tradition dans le Japon d'aujourd'hui, tels : M. Taniguchi, S. Yasuoka, I. Tsuneoka, etc... Le docteur François Magendie a écrit : « S'il n'y avait ni médecin ni sage-femme, l'homme se porterait beaucoup mieux et serait plus heureux ». Henri Thoreau était aussi contre la civilisation, de même que Rousseau, Carpenter, etc...

Si Jésus revenait dans ce monde d'abondance et d'excès, où l'on ne mange et boit que pour satisfaire les plaisirs sensoriels, il serait tout à fait stupéfait et il me semble qu'il commencerait par abolir tout de suite toutes les églises, et par chasser tous les moines qui sont « *gros comme des moines* ». S'il descendait la 5ᵉ Avenue de New York, et s'il pouvait lire dans un des derniers numéros du magazine *Look* ce grand reportage médical où il est dit « qu'au moins 20 % des malades sont iatrogéniques », il s'exclamerait : « Non ! 100 % sont iatrogéniques », Vous mangez trop, vous consommez même des produits exotiques et hors de saison ! Oh ! fils et filles de vipères ! Vous priez : *Donnez-nous notre pain quotidien !* et vous n'en mangez qu'un tout petit morceau, que vous accompagnez d'une épaisse tranche de bifteck, de quantités d'ice-cream, de café, de fruits exotiques, et de tant d'autres choses. Et ce que vous appelez *pain* est gonflé à la levure, blanchi et stérilisé aux produits chimiques, fait de farine trop raffinée. Voulez-vous donc vous suicider ? Voulez-vous donc aller aux Enfers à tout prix et à toute vitesse ? Etes-vous donc si incompréhensifs, si ignorants, si arrogants et si fous ? Vous avez perdu le sens de l'ordre de l'univers ! Faites votre auto-critique : mea culpa ! ».

L'incertitude, la peur, le danger et l'angoisse qui règnent dans la civilisation actuelle, gloire de la science et de la technique, ne sont autres que celles du roi Midas ! La civilisation occidentale possède la maîtrise de la matière, ou presque. Mais la matérialisation absolue est immobilisation totale, donc mort. La vie est, au contraire, la mobilité infinie. La vie est la transmutation permanente et incessante en accord avec l'ordre de l'univers éternel.

La maladie physiologique est la dématérialisation de notre corps. Or la dématérialisation n'est rien d'autre que la perte de l'ordre dans la matérialisation.

Lao-tse dit : « Un produit Deux, Deux produisent Trois et Trois produisent tout ». Je suis son interprète pour vous. Il dit : « Un, infini, commencement sans commencement, produit Deux pôles Yin et Yang, antagonistes éternels qui s'attirent fortement puisqu'ils sont antagonistes ; lorsqu'ils se sont rencontrés, ils luttent désespérément l'un contre l'autre puisqu'ils sont antagonistes nés. Mais de leur première rencontre, le troisième antagoniste est né : il s'oppose à son père aussi bien qu'à sa mère puisqu'il n'est ni Yin comme sa mère ni Yang comme son père. C'est de cette manière que tout est produit par la rencontre des antagonistes Yin et Yang. Tous ceux qui sont produits ensuite sont nécessairement antagonistes de plus en plus compliqués et différenciés. Voilà pourquoi la vie est amusante et pleine de conflits ; les uns montent et les autres tombent, le premier devient le dernier, le plus fort devient le plus faible et cette guerre perpétuelle n'a d'autre issue que la Mort ou les Enfers. Voilà la vie humaine dans ce monde fini.

Mais, dans la nature, il en va tout à fait différemment. Deux pôles Yin et Yang produisent l'énergie électromagnétique. Cette dernière produit la matière préatomique qui se condense en atomes. Ces premiers atomes se multiplient. Les multiples isotopes nous révèlent les passages d'un genre d'atomes à un autre. Les atomes s'organisent enfin en diverses molécules, et celles-ci en organismes selon l'ordre universel de l'infini UN. Il n'y a aucun conflit. Tout va bien, facilement et naturellement. Voici le secret le plus précieux : le secret de toutes les faciles transmutations naturelles. C'est la loi unique Yin-Yang, qui est le principe unique de la philosophie d'Extrême-Orient. Si l'on applique ce principe unique dans la vie quotidienne, il n'y aura aucun conflit, aucune difficulté, ni incertitude, ni peur, en tous cas beaucoup moins. Ainsi les végétaux vivent sans parler ni crier, mais pacifiquement. Les animaux aussi vivent en général pacifiquement ; ils ont bien quelques conflits passagers, amicaux, mais ne nous montrent jamais de guerre systématique visant à la destruction totale de l'ennemi, à la tuerie de millions d'êtres et finalement à la stérilisation de la planète.

La civilisation orientale ne traite pas du tout les choses à la manière de l'Occident ! Celui-ci a en vue un monde idéal où l'on puisse satisfaire tous les désirs sensoriels à volonté. L'Orient a en vue une société où l'on vive en parfait accord avec l'ordre de l'univers infini, avec les lois de Yin-Yang. Arts, religions, philosophies et cultures sont les fleurs de la civilisation orientale tandis que force, technique et hégémonie mondiale sont les fleurs de la civilisation occidentale, dont l'aboutissement est la bombe à hydrogène.

Il est vrai que les Orientaux, et surtout les Japonais, ont abandonné et oublié ce principe unique depuis un siècle. Il n'y a plus aucune école officielle au Japon où l'on enseigne le principe unique du Yin-Yang. Autrefois, toutes les écoles l'enseignaient et cela depuis des milliers d'années. La vie elle-même était considérée comme une grande école qui enseignait le principe unique.

Les caractères chinois employés pour désigner la civilisation occidentale sont erronés. Ils signifient « le monde éclairé par la lumière de la philosophie (le principe unique qui unifie tout antagonisme en complémentarité) ». La civilisation occidentale devrait plutôt être représentée par les caractères qui signifient « le monde éclairé par la lumière de la technicité (matérialiste, dualiste, athée) ».

Les nuages sombres de l'incertitude, de la peur des virus, du cancer, des maladies mentales, etc... se lèvent à tous les horizons de la civilisation occidentale, scientifique et technique. Elle ne peut plus accuser ces nuages d'être de provenance étrangère et hostile, d'être les produits d'un monde extérieur. Elle les a développés elle-même, surtout le cancer. On peut presque dire que le cancer est autogène de l'homme civilisé, de la civilisation elle-même ! Mais ni l'homme civilisé, ni la civilisation moderne ne peuvent s'apercevoir de leurs propres fautes. Pourquoi ? Parce que ces fautes sont trop grandes ! Quelles sont ces fautes ? Des dualismes, dualismes analytique et mécanique, matérialiste et égocentrique !

Depuis Aristote et surtout depuis Descartes, l'on a écarté les problèmes non-matériels. On s'est seulement occupé de la matière en oubliant de plus en plus tout ce qui n'était pas « matière » jusqu'à ce que l'on en eût complètement oublié l'existence. On en est arrivé à croire que tous les problèmes peuvent être résolus quand on trouve par analyse tous leurs constituants. Mais la chimie et la physique ont découvert que les molécules chimiques n'étaient pas les constituants finaux de ce monde ; puis, que les atomes ne l'étaient pas non plus, malgré leur définition millénaire ; puis, que les atomes et les particules préatomiques dont ils sont constitués viennent de l'énergie dont l'origine est tout à fait inconnue. Toutes les recherches scientifiques en ont été bouleversées. Le grand professeur Bridgman s'est suicidé à l'âge de 79 ans, en total désarroi.

La médecine occidentale, qui s'avançait en tâtonnant et en s'appuyant sur la physique et la chimie, ne sait que faire devant la multiplication de tant de maladies « incurables » : cancer, allergies, maladies mentales, maladies cardiaques, et beaucoup de nouvelles venues. La médecine croyait que la base fondamentale de la vie se trouvait au niveau de la chimie, c'est-à-dire au niveau de la couche électronique externe des atomes. Mais, loin de là ! La racine de la vie descend beaucoup plus profondément, jusqu'au niveau des nucléons et probablement au-delà. Les experts modernes recherchent le mécanisme vital dans la résonance électromagnétique, le spin électronique, la transmutation naturelle et la transmutation biologique... Mais, même s'ils pouvaient réaliser la véritable image de la structure ultra-infinitésimale de la vie, ils ne pourront jamais réaliser l'image de ce qui l'anime et qui est l'invisible : la vie.

L'histoire nous montre qu'invariablement, tous les grands empires et toutes les grandes civilisations ont commencé à se décomposer par l'intérieur. C'est celui qui dirige un pays ou une civilisation qui en est responsable : le roi, le gouvernement, par leur conception du monde. Il leur faut donc avoir une foi et une volonté bien fondées sur une conception juste de la vie, du monde, de l'univers. La civilisation occidentale a progressé trop vite, trop matérialistement. Il lui faudrait s'arrêter un peu, réfléchir à l'origine de cette incertitude et de cette peur de la guerre qui peut exploser à tout moment, et du cancer qui menace l'humanité. Depuis plus de dix ans, il est admis que nous sommes entrés dans une crise extraordinaire et sans précédent dans l'histoire de l'homme. Le cancer est d'ailleurs reconnu comme autogène. S'il était vrai que le cancer fût causé par un virus, comment se ferait-il qu'une personne en bonne santé puisse résister si facilement à son inoculation ? Si l'on admet l'existence d'une immunité naturelle, qu'est-ce que l'immunité naturelle ? On n'en sait rien. Il est vraiment trop prématuré d'accuser un virus qui n'est encore qu'une inconnue ! Beaucoup de médecins occidentaux ont déclaré qu'un virus était la cause du cancer, mais personne ne sait encore quelle est la nature de ce virus, ni d'où il vient, ni comment se produit le cancer. On ne sait même pas encore la nature du cancer et encore moins celle de son virus supposé ! Comment peut-on combiner ces deux « inconnues » ? D'autre part, le gouvernement des Etats-Unis accuse la cigarette comme étant le grand malfaiteur responsable du cancer du poumon. Il se base sur des statistiques. La médecine statistique ! Soit !

La médecine statistique ou virologique peut accuser n'importe qui d'être le coupable du cancer.

En général, les médecins occidentalisés du Japon n'accusent pas un virus comme responsable du cancer. Seul, à ma connaissance, le docteur K. Hasumi s'est prononcé en faveur de la théorie d'un virus comme étant l'auteur de tous les cancers. Tous les autres attachent la plus grande importance à la théorie de l'excitation répétée comme étant la cause du cancer. C'était la théorie la plus considérée au cours du siècle passé.

Mais qu'est-ce donc que le cancer ?

Le cancer ne vieillit pas ; il ne tombe pas malade, il se développe, il s'arrête, il dort, il se réveille et recommence ses activités. Il répète un tel cycle indéfiniment. Il résiste, il s'adapte, il triomphe. C'est la vie elle-même. C'est la vie dans son étape métabiologique, métaphysico-chimique, métaphysiologique, métagéologique. C'est la matière de la vie à laquelle manque encore seulement l'orientation ou la spiritualité ; elle est donc aveugle. C'est la volonté aveugle, mécanique, c'est-à-dire l'insatiabilité, la voracité, l'expansion infinie très parfaite au point de vue de la matière organique mais non au point de vue de la spiritualité. C'est-à-dire trop de matériel, trop de physique et trop peu de non-matériel. Pourquoi ce déséquilibre entre la matière et la spiritualité ? Tout dépend de son créateur !

Le créateur du cancer est l'homme dualiste, matérialiste. Il est comme le roi Midas qui a tout transmuté en or. C'est la réalisation de son rêve chéri. Le Midas moderne, en voulant monopoliser le monde afin de satisfaire ses désirs aveugles et sensoriels, a réalisé le cancer. Le cancer, qui se développe indéfiniment et aveuglément, est l'image du vouloir de l'homme qui a abandonné et oublié son âme à la suite de la dichotomie cartésienne ou aristotélicienne. La quantité change la qualité ! Le roi Midas a perdu la vue et avec elle l'orientation ! Il ne voit plus, il ne peut plus trouver de valeur dans la matière en surabondance. Dans l'abondance, il a trouvé le contraire de son idéal : incertitude, peur, angoisse, guerre, cancer invisible ; maintenant, il doit écouter, son oreille est encore ouverte. S'il écoute la voix de la civilisation non-matérialiste, métaphysique, morale qui vit d'après l'ordre de l'univers infini, d'après la philosophie Yin-Yang, la vue lui reviendra instantanément. Le roi Midas moderne — la civilisation scientifique et technique — retrouvera le véritable paradis qu'il a tant recherché, le paradis où il est le roi tout puissant, respecté par Dionysos, le dieu fabriquant le vin (plaisirs), où il est l'ami de Silène, le maître de Dionysos, où il jouit de tous les fruits et de tous les produits si délicieux de ce jardin où coule le Pactole aux paillettes d'or, où surtout il a toujours auprès de lui sa fille Marigol, la plus belle, la plus sage du monde. Mais il lui faut perdre ses oreilles d'âne qui préfèrent encore la musique de la flûte de Pan (mondain, matérialiste) à celle de la lyre d'Apollon (musique du royaume des sept cieux, céleste, spiritualiste). Sinon les roseaux continueront à répéter au moindre vent : « Midas, le roi Midas a des oreilles d'âne ! ». Ce qui veut dire que « la civilisation scientifique et technique a des oreilles d'âne ! Ces oreilles ne peuvent pas apprécier la musique du royaume des cieux : l'ordre grandiose de l'Univers Infini ».

CHAPITRE II

Mille et une méthodes
pour guérir du Cancer

Il y a « Mille et une » méthodes pour guérir du cancer d'après la philosophie dialectique pratique d'Extrême-Orient. Il en est de même pour toutes les autres maladies dites « incurables ».

Le principe unique de la philosophie d'Extrême-Orient est la dialectique paradoxale pratique exprimée par les deux mots Yin et Yang. Yin-Yang est le moyen plusieurs fois millénaire qui permet de résoudre tout antagonisme en complémentarité, de transmuter le malheur en bonheur, la difficulté en facilité, l'inutilité en utilité, l'hostilité en amitié, la maladie en bonne santé, la tristesse en joie... non point par une méthode psychologique comme celle de Wn. James, mais par une méthode biologique, physiologique et logique.

— Absurde ! C'est une chinoiserie ou un conte de fées, diraient Valéry et Bergson. C'est pourtant vrai. Après tout, notre vie n'est-elle pas un conte de fées ? Ne vivons-nous pas en ce monde miraculeux tout à fait comme Alice au Pays des Merveilles dans le livre célèbre que nous devons au mathématicien Lewis Carrol ? Ne voyageons-nous pas à travers l'espace infini, emportés par un véhicule spatial en forme de sphère gigantesque tournant sur lui-même à la vitesse fantastique de 1.600 kilomètres à l'heure ? Quelle merveille ! Et pourtant nous ne sommes pas projetés dans l'espace ! N'est-ce pas fantastique ? On dit que c'est à cause de la force d'attraction universelle imaginée par Newton. Mais qu'est-ce que cette force d'attraction universelle ? Personne ne l'a jamais expliquée ! C'est une hypothèse pratique, au fond une inconnue. On dit d'ailleurs que cette force fantastique est inexistante dans le monde à l'échelle nucléaire, base fondamentale de notre propre existence. Cela se complique. Si elle n'existe plus dès le niveau fondamental de notre existence, comment peut-on encore la qualifier d'universelle.

Quoi qu'il en soit, c'est assurément une merveille, notre existence sur cette boule de plusieurs milliers de kilomètres de diamètre, pesant plusieurs billions de tonnes et volant à travers l'espace à une vitesse fantastique. Il faut être intellectuellement aveugle pour que ce simple fait ne vous fasse pas éprouver quelque émerveillement !... L'aveugle n'aura pas droit de jouir de ces spectacles merveilleux... jamais de sa vie il ne les percevra.

Presque oubliée par les Orientaux, ignorée des Occidentaux, la philosophie d'Extrême-Orient nous ouvre des horizons tout à fait différents de ceux de la civilisation scientifique et technique de l'Ouest : un autre monde de merveilles où se trouvent le Tapis Volant et la Lampe d'Aladin. Dans le monde des merveilles de cette philosophie, il n'y a aucune maladie, à plus forte raison aucune maladie « incurable », aucune guerre inhumaine, aucun mal, aucun crime, pas de commencement ni de fin ! Aucune incertitude, aucune peur, pas de cancer ni de guerre mais seulement la lumière, la joie, la gratitude pour tous et pour toujours !

C'est un autre monde tout à fait inconnu des Occidentaux ! En réalité, la différence entre l'Est et l'Ouest est beaucoup plus profonde que l'on ne l'imagine. Pour moi qui connaît l'Europe depuis plus de 50 ans, c'est de plus en plus évident. Du point de vue de la mentalité, je me sens tout à fait étranger en Occident. Bien que la civilisation scientifique et technique me soit d'ailleurs très agréable, je ressens qu'il m'y manque quelque chose. Elle est trop mécanique, trop artificielle, trop belle, trop solide ou rigide, trop symétrique ou géométrique, trop parfaite, trop brillante, trop inhumaine, trop froide. Il lui manque le conte de fées. Elle est belle et élégante. Mais cette beauté et cette élégance ne sont pas les nôtres. Il lui manque quelque chose...

« Sibou », « wabi » et « sabi » ne sont pas connus en Occident. Ce sont les qualités les plus fondamentales pour nous, mais très difficiles à apprécier pour les civilisés. L'ambassadeur-poète, Paul Claudel qui aimait tant ce pays et ses arts avouait ne pouvoir les comprendre, même conceptuellement !

Cette différence n'est pas seulement une différence de mentalité. Elle est en fait beaucoup plus profonde. C'est la différence entre deux conceptions du monde ou plutôt entre l'image et la conception ! L'image est morte tandis que la conception est vivante. C'est la différence entre la photographie et la réalité. La conception orientale est beaucoup plus sentimentale, beaucoup plus vague, indirecte et intangible, mais beaucoup plus profonde ; elle est beaucoup plus modeste, taciturne et avenante, tandis que la conception occidentale est beaucoup plus bavarde, orgueilleuse et vaniteuse. La première est comme un nouveau-né, elle a la fraîcheur de la vitalité elle-même ; la seconde est comme une jeune femme épanouie.

La civilisation de l'Est est poétique, la civilisation de l'Ouest est prosaïque. C'est la poésie et l'esthétique qui manque à la vie occidentale : manque de « wabi », « sabi » et « sibusa » !

L'Est est habité par des fées. C'est un monde des « mille et une nuits » enfantin et amusant. Nous le préférons au pays de l'incertitude et de la peur. Si vous voulez le visitez une fois, nous sommes tout à fait à votre disposition. Notez pourtant que dans ce pays des « mille et une nuits » on n'entre pas sans visa — visa que vous devrez fabriquer vous-même. Pour cela : pratiquez le Zen Macrobiotique pendant dix jours d'après le petit livre intitulé « Zen Macrobiotique » (1). Autrement, vous ne trouverez comme tous les touristes que le Japon exotique ou un échantillon de l'américanisation.

Le pays natal du bouddhisme c'est l'Inde. Quelques siècles après la mort de Bouddha le bouddhisme s'est divisé en deux sectes très différentes : Hinayana et Mahayana. Cette dernière est « la Grande Porte », la voie grande ouverte, large, logique, paradoxale, libre, philosophique et cosmogonique. La première est la « Petite Porte », la voie étroite, religieuse, normale, riche en cultes et en rites. Ni l'une ni l'autre n'existent plus en Inde ! Elles ont été exportées, Hinayana dans les pays du sud, Mahayana vers le nord. Mahayana a traversé l'Asie, s'est enracinée en Chine et surtout au Japon où elle est bien vivante. La même chose s'est produite en ce qui concerne la philosophie et surtout la médecine : Développées en Indes, puis en Chine, elles se sont implantées au Japon et s'y sont assimilées en une synthèse culturelle.

N'oublions pas qu'en Orient le sens du mot « philosophie » n'est pas du tout le même qu'en Occident. Philosophie en Occident signifie un assemblage de connaissances physiques, techniques, métaphysiques, donc quelque chose de relatif. En Orient, philosophie signifie les études de l'ordre qui suscite et gouverne tout ce qui se trouve dans cet univers, dans tous les univers, donc génésiaque et transcendantal. La philosophie occidentale est dépendante ou tout au moins influencée par les connaissances physiques et techniques ; or, ces dernières aboutissent aux sciences nucléaires d'aujourd'hui où elles se perdent dans un monde infinitésimal électronicoscopique, une impasse. La philosophie orientale est au contraire panoramique, indépendante des connaissances physiques. C'est elle qui dirige les techniques, qui les règle et les met en ordre d'après le grandiose ordre absolu des univers. En Occident, les sciences physiques et techniques sont basées sur un dualisme et de ce fait vont en se ramifiant indéfiniment, tandis qu'en Orient elles sont unifiées par la philosophie dialectique.

La médecine orientale n'est donc qu'une branche de la philosophie dialectique qui considère tout antagonisme comme une complémentarité. Elle considère l'univers infini comme la source de la vie, de la santé et du bonheur. Pour elle, les symptômes ne représentent qu'une longue série de violations biologiques et physiologiques de l'ordre de l'univers dans la vie quotidienne. Pour la médecine occidentale, les symptômes constituent la maladie ; la médecine occidentale ne s'occupe donc que des symptômes.

La maladie avec ses symptômes n'étant que le résultat de transgressions volontaires ou involontaires de l'ordre de l'univers, est considérée en Orient comme la marque des fautes ou des crimes commis par le malade. La guérison doit donc être éducative, plutôt que curative et symptomatique. Telle médecine éducative doit être nécessairement « philosophique ».

Voilà, du point de vue oriental la raison d'être de la médecine de Jésus. Il nous est très compréhensible qu'elle ait pu conduire à des succès, quelque croyance que l'on accorde ou non, à la relation des divers faits miraculeux dans les évangiles chrétiens. Pour cette raison, les cas de guérisons qu'ils rapportent méritent l'étude des esprits scientifiques. Claude Bernard, que je considère comme l'un des plus grands savants occidentaux modernes, laissa quelques conseils très raisonnables : (Introduction à l'étude de la médecine expérimentale)

— En matière de science, aucune opinion n'a d'autorité absolue.

— L'on ne doit pas vouloir y défendre son opinion à tout prix.

— La plus importante des règles de conduite pour le savant, c'est d'être toujours prêt à changer ses vues, à toujours développer et agrandir sa pensée.

— Dans les sciences expérimentales, les vérités n'étant que relatives, la science ne peut avancer que par révolution et par absorption des vérités anciennes dans une forme scientifique nouvelle.

— Dans les sciences expérimentales, il n'y a pas de place pour l'autorité personnelle. Telle autorité empêche le progrès de la science.

— Dans les sciences expérimentales le respect mal entendu de l'autorité personnelle serait de la superstition et constituerait un véritable obstacle au progrès de la science.

— Les grands hommes sont précisément ceux qui ont apporté des idées nouvelles et détruit des erreurs.

Si vous êtes des scientistes comme Claude Bernard le désirait, vous devez être heureux d'avoir visité ce monde de fées où la maladie n'existe pour ainsi dire pas. Les papillons dansent leur joie de vivre toute la journée, les insectes chantent leur amour toute la nuit. Il n'y a ni médecins ni hôpitaux. Toute maladie s'y guérit automatiquement. L'on n'y conçoit même pas de guérison miraculeuse. S'il y avait une maladie « incurable » à ne pas guérir spontanément, voilà ce qui y serait un véritable « miracle ! ». Il n'y a aucune incertitude, aucune peur.

Mais les habitants de ce monde de fées étant très enfantins, curieux et avenants, ont importé toute la civilisation occidentale avec tous ses maux et ses maladies depuis environ un siècle. Il leur en a coûté cher : des milliers et des milliers d'habitants et de familles sont tombés malades et ont perdu la vie. Bien entendu, ils se sont adressés à la nouvelle médecine qui avait aussi remplacé leur médecine traditionnelle plusieurs fois millénaire. Les résultats furent de plus en plus désastreux. Plus l'on appliquait la médecine nouvelle plus l'on mourait. Plus vite les grands hôpitaux se dressaient, plus il y avait de nouveaux malades. Plus les entreprises pharmaceutiques prospéraient plus le nombre de souffrants augmentait.

Après avoir étudié avec acharnement et pratiqué la médecine nouvelle, les intellectuels et les riches de ce pays en viennent de plus en plus à tourner le dos à cette médecine officiellement adoptée. Beaucoup d'entre eux retournent vers la médecine traditionnelle qui n'est plus légale ni officielle ; ils recourent de plus en plus nombreux au moxa, à l'acupuncture, aux méthodes de la médecine chinoise, etc... Et voici que se produisent des guérisons miraculeuses ! On redécouvre expérimentalement la supériorité de la médecine traditionnelle. On commence à recollecter et à revaloriser toute la tradition abandonnée depuis quelques dizaines d'années. On retrouve avec étonnement tant de choses très précieuses. On redécouvre la philosophie de cette médecine miraculeuse, gloire de la civilisation orientale et base fondamentale des cinq grandes religions de l'homme. Elles nous enseignent comment trouver la liberté infinie, le bonheur éternel et la justice absolue dans ce monde relatif, fini et limité. La médecine orientale n'est qu'une application biologique et physiologique des mille et une méthodes du principe unique de cette philosophie dialectique.

La renaissance de l'ancien Japon ! Elle a commencé par la réévaluation de la tradition nationale qui avait assimilé la civilisation de l'Inde et de la Chine depuis plus de mille ans. Les Japonais conscients de leurs traditions en sont maintenant à ré-étudier la philosophie-matrice de toutes les sciences, cultures et techniques. A leur stupéfaction, ils ont le bonheur de rencontrer un peu partout des maîtres ignorés de l'ancienne philosophie. La tradition vit encore dans ces maîtres oubliés !

Mais cette philosophie est tout à fait inconnue en Occident. Elle est contraire à la philosophie occidentale, à plus forte raison à la science et à la technique de l'Ouest moderne. Il va de soi que tous les grands maîtres de cette philosophie sont tout à fait inconnus en Occident. Ils sont l'âme des Orientaux et des colorés mais ils sont incompréhensibles aux civilisés. Après m'être efforcé de rendre accessible à ceux-ci une forme simplifiée du principe unique de cette philosophie, après l'avoir présentée sous la forme scientifique qu'ils comprennent, après avoir vécu plusieurs décades parmi eux, je me trouve devant le grand mur de fer de l'incompréhension entre l'Est et l'Ouest.

Les Orientaux ont importé toute la civilisation occidentale sans grande difficulté et plutôt avec plaisir, puisque la civilisation occidentale est visible, matérielle, technique et facile à imiter. Mais la civilisation orientale étant philosophique, spirituelle et invisible, échappe aux civilisés. Il est pourtant essentiel que l'Est et l'Ouest se comprennent.

S'il doit y avoir compréhension, il est nécessaire que chacune des parties abandonne tout d'abord son arrogance. C'est très difficile. Pour abandonner son arrogance, il faut d'ordinaire payer très cher, soit faillir complètement, soit perdre la vie, soit se casser la tête. Il faut se connaître soi-même. « Know thyself ! » Mais il n'y a pas de recette pour se connaître soi-même. Il nous faut toutefois réaliser que notre « moi » est une agglomération d'ignorance et d'arrogance, selon les vues de la philosophie orientale. Les maîtres de la philosophie orientale réalisent bien qu'ils sont des agglomérations d'ignorance et d'arrogance. C'est pourquoi ils se taisent. Ils ne font pas de publicité, et ne veulent pas en faire. Ils vivent humblement avec leurs étudiants selon l'ordre de l'univers. C'est pourquoi les visiteurs étrangers trouvent de grandes difficultés à rencontrer ces maîtres traditionnels. A peu près tous ceux qui ont le moindre pignon sur rue sont des « déracinés », plus ou moins européanisés ou américanisés. Au Japon, les maîtres se cachent, et parfois loin dans la montagne.

En cette année 1963, pour marquer la soixante-et-onzième année de mon existence sur cette planète, j'ai décidé de passer plusieurs mois dans ce pays pour la première fois depuis 12 ans. Un soir, j'ai invité quelques personnalités très importantes du front traditionnel afin d'examiner ensemble ce qu'il conviendrait que fassent les Japonais en présence des nouvelles conditions d'incertitude et de peur qui règnent sur le monde civilisé. Voici la liste des invités :

M. T. Katayama, 76 ans, ex-premier ministre,

Dr. K. Takahashi, 90 ans, fondateur-directeur depuis plus de 50 ans du plus grand hôpital otorhino du Japon.

Dr. K. Hutaki, 90 ans, Président d'honneur du Syuyudan, le plus ancien mouvement moral et traditionnel (fondé en 1906).

M. M. Hasunuma, 82 ans, Directeur du Syuyodan

M. T. Nishida, 93 ans, Chef du mouvement Ittoen, le plus ancien groupe religieux pour les services publics.

M. I. Tsuneoka, 65 ans, ex-sénateur, Président de l'Institut Central.

Mme R. Hiratsuka, 78 ans, Présidente de Confédération des Sociétés féministes japonaises.

M. M. Taniguti, 72 ans, Fondateur-Président de la Maison Seityo, la plus grande organisation religieuse et morale moderne.

M. S.Yasuoka, 65 ans, Président de Siyuhkai, un des plus puissants groupes philosophiques et moraux.

M. M. Nakano, 45 ans, Secrétaire général de l'Organisation Culturelle Internationale.

et une dizaine d'autres.

Toutes ces personnalités très importantes du Japon traditionnaliste ont répondu à mon appel. Nous avons longuement discuté ensemble. La conclusion fut d'ouvrir un centre d'information sur tous les mouvements culturels, moraux et philosophiques du Japon à l'usage de ceux qui veulent étudier la philosophie orientale intégrée dans la vie quotidienne des Japonais traditionnels. Sa première mission sera de faire savoir comment l'on guérit les maladies dites « incurables » (cancer, allergies, diabète, maladies cardiaques et mentales, etc.), en pratiquant le principe unique de la philosophie multimillénaire. Le présent ouvrage a été conçu comme l'introduction de ce premier mouvement international des autorités traditionnalistes philosophiques réunies pour la première fois.

Il y fut également décidé de fournir une liste détaillée de malades « incurables » qui furent sauvés, notamment beaucoup de cancéreux, décrivant leur âge, leur sexe, l'histoire de leurs maladies et de leur guérison biologique et physiologique. Elle ne trouverait pas place dans ce petit livre et serait trop superficielle pour les médecins et spécialistes intéressés de l'étranger. Toutes ces informations seront ici à la disposition des savants intéressés. Ils auront d'ailleurs toutes facilités pour examiner les cas sur place s'ils peuvent venir visiter ce pays.

Un des objectifs de ce petit livre sera atteint s'il parvient à vous informer du fait qu'il existe au Japon une autre médecine-philosophie (ou savoir-vivre) que celle de l'Occident et qu'il lui est possible de guérir les maladies que la médecine occidentale déclare « incurables ». Elle guérit surtout la maladie « à venir ».

Mes chers amis civilisés, la médecine-philosophie que je m'efforce de vous présenter ici vous reste peut-être très incompréhensible. Veuillez toutefois témoigner encore d'un peu de patience. Veuillez vous rappeler que les théories de Copernic de Galilée ou d'Einstein furent aussi tenues d'abord pour incompréhensibles. Et puis ne confondez pas le Japon modernisé qui est technicien, industriel et commercial, imitateur des civilisés, avec le Japon traditionnel. Invisible et spirituel, celui-ci se cache soigneusement ; il n'existe plus guère en public. Le Japon dont je parle, c'est le Japon où, jeune reporter, Lafcadio Hearn (1850-1905) a eu la grande surprise de découvrir ce chef-d'œuvre de l'humanité : la Japonaise ! C'est aussi le Japon que découvrit le Prof. Herrigel, champion de pistolet, qui abandonna son pistolet « tueur » pour apprendre le tir à l'arc japonais. Dans son livre intitulé « Le Zen et le tir à l'arc au Japon », livre qu'il a publié à son retour en Allemagne, il a relaté comment son séjour de six ans au Japon lui a appris à pratiquer le tir à l'arc comme méthode pour apprendre et réaliser le « moi » selon les enseignements de la philosophie zenniste.

CHAPITRE III

La guérison « miraculeuse »

Au Japon, il y a plus d'une quinzaine d'écoles de philosophie, incluant culture, religion, morale, physique. Les unes nous enseignent comment vivre une vie saine en étudiant la philosophie traditionnelle, ou en pratiquant les cultes religieux. Les autres nous enseignent quelques techniques symptomatiques simples et pratiques en vue de guérir les maladies, y compris les maladies déclarées « incurables » par la médecine occidentale. Les premières ne s'occupent d'ailleurs pas seulement des cas de maladies individuelles ; elles s'occupent tout autant, sinon plus, de procurer la guérison des problèmes difficiles de la famille et de la société. Ce sont en particulier :
1) l'école culturelle
2) l'école philosophique (étudiant les livres des anciens sages de la Chine et du Japon)
3) l'école shintoïste
4) l'école bouddhiste
5) l'école spiritualiste
6) l'école psychique
7) l'école de fakir
8) l'école de yoga
9) l'école de ayurveda

10) la médecine de Jésus (mais non pas ce que les Américains appellent Christian Science)
11) l'acupuncture et la moxation (Δ)
12) la médecine chinoise
13) le massage (Δ)
14) la guérison par le magnétisme de la main (Δ)
15) la macrobiotique (alimentaire, biochimique)
16) diverses cures symptomatiques modernes

(Δ signifie méthode symptomatique)

Chacune de ces écoles a plusieurs systèmes plus ou moins différents. Plusieurs centaines de milliers de personnes professent appartenir à ces écoles. Le nombre de ces « guérisseurs » est beaucoup plus grand que celui des médecins occidentalisés, environ le double ou le triple. Le nombre de leur étudiants-croyants est probablement au décuple. Le général Mac Arthur ordonna l'abolition complète de tous ces guérisseurs symptomatiques pendant son occupation du Japon.

Il semble qu'ils soient bientôt condamnés à disparaître officiellement.

La plupart de ceux qui viennent apprendre auprès de ces guérisseurs sont d'anciens malades qui furent abandonnés par la médecine officielle ou en eurent assez de dépenser vainement tant d'argent pour obtenir les soins inefficaces des médecins officiels. Par suite beaucoup d'entre eux ont connu des états désespérés, et parmi eux se comptent de nombreux cas de guérison que l'on peut qualifier de « miraculeux ».

M. M. Taniguti, fondateur-président de la Maison Setyo (Maison de la Vie) est un des experts les plus fameux de la philosophie orientale du Japon. Il a des millions d'adhérents. Il a publié plus d'une centaine de livres. Il est éditeur de plusieurs journaux mensuels depuis plus de trente ans. Son école qui se trouve à Tokyo, à l'aspect d'une université. Il a son imprimerie et sa maison d'édition. Innombrables sont ceux que l'enseignement de Taniguti a sauvés de leur état de condamnés, de leurs maladies « incurables », y compris le cancer et les allergies. Sa méthode est morale, philosophique et conceptuelle, pas du tout symptomatique. Son but est de convaincre tout le monde que l'on est libre, heureux et sage par naissance ; que sinon, c'est sa propre faute ; que l'on n'a qu'à établir par soi-même, pour soi-même sa propre liberté en considérant que l'homme est l'enfant de Dieu ou de l'infini-absolu.

En Occident, n'y a-t-il pas autant de guérisons spontanées ou miraculeuses ? Il y en a autant. Seulement, chose curieuse, les médecins soi-disant scientifiques ferment volontairement les yeux devant ces guérisons « miraculeuses » parce qu'ils n'en comprennent pas encore le mécanisme. Ils n'ont d'intérêt que pour les cas qu'ils peuvent comprendre. On peut lire quelques passages très intéressants dans un livre intitulé « Le Cancer » écrit par le Dr. W. Nakahara, président du Centre du Cancer du Japon :

Exemple n° 1 :

« Le Dr Stuart, chef du département pathologique du
« Memorial Hospital of New York, jouissant d'une répu-
« tation de premier ordre du fait de sa carrière de 30
« ans et plus comme spécialiste, a opéré une femme
« souffrant du cancer de l'utérus. Le cas était désespéré.
« La malade était abandonnée. C'était en 1946. 6 ans
« plus tard, cette femme a été examinée par hasard de
« nouveau. A la stupéfaction du docteur, elle a été
« reconnue complètement guérie ! »

« *Un autre exemple* : dans le même hôpital (qui se
« trouve dans le quartier juif) un tiers des malades
« cancéreuses consultantes sont des juives. Mais la mor-
« talité due au cancer est seulement de 26 sur 702 pour
« ces juives (résultat des 10 dernières années). 3,2 %
« seulement ! 96,3 % des cas de cancer « in situ » de
« ces juives se sont guéris spontanément ! (N'est-ce pas
« extraordinaire ?)

« *Le troisième exemple* est plus intéressant :

« Dans le même hôpital, soignée sous la direction du

« même Dr Stuart, une femme souffrait d'un fibrome de
« l'utérus. Le cas était désespéré. Elle était inopérable.
« Après un traitement au radium pour consoler la
« malade, la température monta, il y eut un rougissement
« de la peau qui dura deux ou trois jours. Tout était
« incompréhensible. Cependant, le fibrome pesant plu-
« sieurs kilogrammes disparut complètement ! Après
« une dizaine d'années, la femme a été réexaminée et
« reconnue tout à fait saine. »

Les miracles existent partout. Ou plutôt les miracles
n'existent que pour les ignorants et pour ceux qui refusent
de voir quelque chose qu'ils ne comprennent pas à l'exemple des professionnels de la médecine dite scientifique.

Un autre exemple. Voici le mensuel parisien « Planète »
n° 13 avec un grand article de Roger Wybott intitulé « Une
Médecine différente : l'Acupuncture ». C'est un article très
fidèle traitant de la vie et des œuvres d'un Français nommé
Soulié de Morant. Celui-ci passa une vingtaine d'années en
Chine comme consul général de France lorsqu'il était
encore très jeune. Après sa retraite, pendant plus de trente
ans, il a fait de son mieux pour introduire en Europe une
médecine différente qu'il avait étudiée pendant son séjour
en Chine. Moi-même, je l'ai rencontré pour la première fois
en 1930. Je l'ai aidé en tant que praticien d'acupuncture
et en même temps je lui ai remis plus de 2.000 pages de
documents. Malheureusement, quand après 23 ans
d'absence je suis revenu en Europe en 1956, il n'était plus.
Soulié de Morant a consacré tout le reste de sa vie à
l'introduction de cette médecine étrangère qui est maintenant pratiquée officiellement dans les hôpitaux nationaux.
5.000 médecins diplômés la pratiquent en France et en
Allemagne. Tous les journaux parisiens en parlent depuis
une douzaine d'années.

Cet article de Roger Wybott est très intéressant et surtout la note concernant l'auteur de cet article :

« Le nom Roger Wybott vous étonne beaucoup. Il fut le
« chef du bureau des territoires depuis la fin de la

« guerre jusqu'en 1958. En 1948, il souffrait de l'esto-
« mac. Il avait vainement essayé tous les traitements
« possibles. Il était inopérable. Heureusement, il a ren-
« contré le maître Soulié de Morant. La première séance
« d'acupuncture l'a sauvé complètement et pour tou-
« jours. Depuis, il s'efforce de propager cette médecine
« pratique, mystique et si efficace. Son dernier livre
« vient de paraître : « Bouillon de culture ».

Il y a des milliers de guérisons miraculeuses tous les
jours. Non seulement en Orient mais aussi en Occident.
Toutefois, les médecins et les professeurs de la médecine
moderne officielle et scientifique n'ont pas le temps de les
étudier. Ils sont trop pressés pour considérer autre chose
que les nouveaux traitements chirurgicaux et les nouveaux
produits chimiques, dans leur action sur des symptômes,
qui surgissent les uns après les autres. Il est vrai que leurs
subsides leur viennent d'ailleurs, pour la plus grande part
des industries pharmaceutiques capitalistes.

Autre cas de guérison miraculeuse et purgatoire.
Mlle V. P..., élevée au Maroc, elle avait « l'estomac un peu
fragile ». A vingt-cinq ans, au lendemain d'une soirée au
cours de laquelle elle avait bu trois cocktails, elle éprouve
de vives douleurs dans l'abdomen. Ces « spasmes » ou
« tranchées » s'accompagnent de vomissements, de coliques
et de fièvre. Son médecin s'assure méthodiquement qu'elle
n'a ni fièvre typhoïde, ni amibes, ni collibacillose. Il
diagnostique une « colite », prescrit des désinfectants de
l'intestin, du bismuth et un régime. Mlle P... se remet peu à
peu de cette crise.

Depuis dix ans, les crises se renouvellent parfois inopi-
nément, à l'occasion d'un écart de régime. Si bien qu'à
trente-cinq ans, elle se trouva contrainte à un régime qui
lui paraissait austère : viande grillée, légumes cuits, pas de
fruits, pas de crudités, pas d'alcool, pas de lait, pas de
crustacés, pas de sauces. « Je suis obligée de manger
comme une vieillarde. » (« Sommes-nous bien soignés ? »,
Réalité, 169, Feb. 1960.) Mais elle guérit spontanément,
d'une façon incompréhensible...

Après tout, il y a beaucoup plus de guérisons « miraculeuses » de maladies « incurables » que l'on ne peut l'imaginer en Occident ainsi qu'en Orient. Il faut attendre qu'un jour une poignée de vrais savants, disciples de Claude Bernard, viennent pour étudier ces cas « miraculeux ».

D'un autre côté, le nombre des cas « incurables » est fantastiquement élevé dans les annales de la médecine officielle. Beaucoup de malades suivent pendant des années des traitements vains et sans aucun espoir. Beaucoup d'autres malades, désespérés, abandonnent les traitements de la médecine officielle et fréquentent les guérisseurs s'ils ont de l'argent ou bien gardent le lit en attendant la fin et en ressentant l'absence de Dieu et de bienfaiteurs. Il y a, de plus, les malades mentaux dont le nombre est supérieur à celui de tous les malades physiques réunis. Malgré les grands progrès de la médecine moderne, il y a en Occident, comme je l'ai constaté, beaucoup plus de malades abandonnés ou désespérés qu'il n'y en a au Japon.

Je connais une doctoresse parisienne qui a un grand appartement luxueux dans le centre de la ville, avec une salle de gymnastique esthétique, une salle de conférences, une clinique, etc. Elle représente la médecine française dans les divers congrès internationaux en France et à l'étranger. Elle donne des conférences à l'université et dans les hôpitaux. Mais elle souffrait d'une maladie « incurable » de la vessie depuis plus de vingt ans. Il va de soi qu'elle avait essayé tous les traitements en mobilisant les professeurs, ses collègues. Tout était vain. Une grande doctoresse qui n'arrive pas à se guérir en vingt ans ! C'est incroyable ! Ma femme et moi nous avons été invités chez elle, dans ce grand appartement de luxe, et nous avons été priés d'y habiter quelque temps. Mais c'était pour soigner et guérir cette doctoresse qui ne pouvait plus supporter sa maladie dont la condition s'aggravait de jour en jour. En se nourrissant des plats macrobiotiques préparés par ma femme, elle s'est trouvée guérie au dixième jour. Plus un microbe dans les urines pour la première fois depuis vingt-trois ans !

Elle était très gentille. Elle nous permit de rester autant de temps que nous l'aurions voulu. Elle a deux grandes villas, l'une pas loin de Paris, l'autre dans le midi. Mais nous nous sommes sauvés de chez elle aussitôt qu'elle s'est trouvée guérie. Pourquoi ? Parce qu'elle ne voulait pas étudier la philosophie de notre médecine.

Peut-être ne le pouvait-elle pas. Je me rappelle cependant très bien le jour où elle m'a présenté quelques-uns de ses malades. Le premier était un Monsieur de quarante-cinq ans environ. Elle dit : « Voilà M... que je soigne depuis 17 ans. Il est tellement fragile que je dois le soigner une ou deux fois chaque mois. » Quelle stupéfaction pour moi ! 17 ans de la même maladie ou constitution ! Quelle honte !

Le deuxième malade, le troisième, le quatrième... Tous sont de vieux clients !

Je n'ai rien trouvé à lui répondre !

Dans notre philosophie ainsi que dans notre médecine orientale, il n'est pas loisible au maître de tomber malade, si ce n'est d'un rhume ordinaire une fois tous les 10 ans. A plus forte raison, le maître ne peut-il avoir une maladie quelconque qu'il ne puisse guérir lui-même ; pas même une verrue !

Comment le maître qui enseigne en public les méthodes pour se guérir et se bien porter pourrait-il tomber malade lui-même ? Quelle honte ! Quelle escroquerie ! Il lui faudrait se faire justice : Harakiri !

Soigner un malade pendant des années ! Pendant 17 ans ! Ce n'est plus l'œuvre d'un docteur, c'est un travail pour un infirmier ou un restaurateur, ou plutôt un menteur !

Mais presque toute la population âgée de plus de 40 ans souffre d'une ou de plusieurs maladies chroniques aux Etats-Unis et en France où les grands hôpitaux poussent cependant comme les champignons après la pluie. Le nombre des hôpitaux et des médecins, n'est-ce pas le baromètre de la maladie d'une nation civilisée ? ou plutôt de la civilisation elle-même ?

D'après la médecine officielle, chaque personne renouvelle son sang au cours d'une dizaine de jours en détruisant 2.000.000 de globules rouges par seconde. Même la cellule osseuse se renouvelle complètement en trois ou quatre mois. Pourquoi donc ne peut-on pas guérir ou du moins grandement améliorer l'état d'un malade au cours d'une dizaine de jours, sinon de 3 ou 4 mois, en changeant toute la composition de son sang par le moyen d'une alimentation tout à fait différente ? C'est ce que je pratique depuis 50 ans. Les guérisons « miraculeuses » que j'ai réalisées n'ont pourtant rien de miraculeux ; elles sont strictement physiologiques, biologiques ou biochimiques. Toutefois, mes guérisons « miraculeuses » sont loin d'être les seules. Il y en a beaucoup d'autres effectuées par les maîtres philosophes en Orient sans parler des cas de guérison spontanée, tant en Orient qu'en Occident.

En même temps, le nombre des cas dits « incurables » augmente de jour en jour. Après de longues discussions, un congrès national des médecins spécialistes des Etats-Unis a fini par déclarer, il y a déjà trois ans, qu'il conviendrait de travailler à mettre au point une médecine « divine » qui supprimerait toute spécialisation des médecins. Un des derniers numéros du *New York Herald Tribune Magazine* a publié une liste des nouvelles maladies « incurables ». Il ne manquait déjà pas de maladies « incurables » diagnostiquées comme « chroniques » : allergies, maladies cardiaques et circulatoires, etc., sans compter le cancer. Le nombre des malades qui souffrent d'une seule allergie, le rhume des foins, se monte annuellement à 30.000.000 aux Etats-Unis seulement ! Or, cette maladie se guérit très facilement au cours d'une dizaine de jours en pratiquant la philosophie orientale comme je l'ai démontré depuis plusieurs années.

Par ailleurs, il y a des milliers de malades mentaux dont le nombre s'accroît sans cesse : il dépasse même aujourd'hui le nombre des patients affectés de maladies purement physiques. Que peut-on y faire ?

Il y a encore la guerre, aujourd'hui si inhumaine, si

absurde, si coûteuse et si infructueuse. N'est-elle pas aussi une maladie morale collective des civilisés ? N'est-il pas souhaitable de visiter ou du moins d'entrevoir un autre monde, un monde de fées où les papillons dansent joyeusement en visitant les belles fleurs multicolores, leurs amies, où les poissons argentés ou dorés, grands ou petits, gigantesques ou infinitésimaux, se faufilent toute la journée à travers la mer infinie ? Les poissons de la mer ne vieillissent pas, ne tombent pas malades, ne connaissent pas l'incertitude ni la peur des bombes à hydrogène. Les papillons, les insectes, les animaux ignorent les médecins, les hôpitaux et les pharmacies ! Mais pourquoi tous ces docteurs diplômés occidentaux ou occidentalisés ne soignent-ils pas mieux, de mieux en mieux, toute la population de cette planète qui souffre si lamentablement ?

Pourquoi ne s'intéressent-ils pas à une médecine différente, plusieurs fois millénaire, abandonnée mais encore vivante, et qui guérit toujours beaucoup de malades ? Est-ce par incompréhension ou par arrogance ?

S'il n'y a ni arrogance ni incompréhension, leur attitude ne peut être qualifiée que d'irresponsable ! Il est sûr que la médecine moderne a tué beaucoup plus de gens que toute la guerre ne l'a fait.

Pourquoi çe crime formidable ?

Il est dû à l'ignorance totale de la vie. Un Schweitzer insiste sur l'importance de la vie. Mais d'un autre côté il tue des billions de vies microbiennes tous les jours. Quelle exclusivisme humain !

L'homme civilisé, la médecine des civilisés ne connaissent pas la nature de la vie. D'où vient-elle, où va-t-elle, quelle en est la signification ? Ils se refusent à penser profondément. Ils ne savent que se précipiter sur les symptômes qu'ils attaquent à tout prix. Ils ne savent pas que l'on peut arriver à ses fins tout en aimant ses voisins et même ses ennemis. Il leur manque une philosophie qui leur enseigne comment aimer, et qu'est-ce que l'amour. Il leur faut retrouver la médecine d'amour, la médecine divine.

Si la vie est merveilleuse, toute existence est merveilleuse. La maladie est merveilleuse et la guérison aussi. Mais si tout était merveilleux, rien ne serait plus merveilleux. Pour ceux qui vivent dans tel monde la maladie « incurable » est une nouveauté, très curieuse, très mystérieuse. L'« incurabilité », si elle existe, c'est le véritable miracle.

CHAPITRE IV

La médecine symptomatique
et la médecine fondamentale

En 1849, Claude Bernard pouvait encore décla-
rer à ses élèves : « Messieurs, la médecine
scientifique que j'ai le devoir de vous enseigner
n'existe pas ! »

Dans ce monde fini, limité et relatif, il y a deux antagonistes, à tous les niveaux, Yin Yang, bien et mal, femelle
et mâle, femme et homme, chaud et froid, ténèbres et
clarté, vie et mort, joie et tristesse, amour et haine, santé
et maladie, bonheur et malheur, richesse et pauvreté,
matériel et spirituel, fort et faible, face et dos, force centrifuge et force centripète. C'est pourquoi l'homme devient
dualiste. Ce sont les deux côtés des choses. Les unes sont
dominées par les facteurs Yin et les autres par les facteurs
Yang. Cet antagonisme se trouve à chaque niveau de nos
jugements relatifs : aveugle, sensoriel, sentimental, intellectuel, social, et idéologique. Ces deux côtés sont en réalité
comme la face et le dos ou bien le commencement et la
fin. Les extrémités de chaque côté se touchent et se confon-
dent. On tue son amant à l'extrémité de son amour. C'est
contradictoire. C'est cette contradiction qui anime le
monde. L'homme s'efforce à tout prix de se sauver de cette

contradiction. C'est extrêmement difficile. La plupart des hommes finissent leur vie dans cette lutte contre la contradiction énigmatique de ce monde. Ils cherchent, par exemple, la richesse ou la réputation. Ils s'y efforcent désespérément pendant des années. Ils y réussissent enfin. Et ils se réveillent un beau matin, leur rêve complètement évaporé, découvrant qu'ils sont devenus esclaves de leur propre richesse, ou menacés d'assassinat, ou accusés à cause de leur réputation, ou encore victimes des jalousies que leur succès a suscitées...

Pour se sauver de cette contradiction, il faut s'élever au-dessus du niveau de tous ces jugements relatifs jusqu'à celui du jugement suprême universel qui est la raison d'être de la philosophie orientale, le jugement absolu et unique du monisme polarissable. Chose curieuse, cette philosophie de la logique dialectique a cessé d'être conçue dans la mentalité occidentale depuis deux mille ans. Chose plus curieuse, la civilisation celtique a été fondée sur cette philosophie. La civilisation moderne qui a colonisé le monde est basée au contraire sur la logique formelle, relative, dualiste, qui est matérialiste ou conceptualiste. Toute mentalité exclusive, donc solitaire ou querelleuse, appartient à ce groupe. La majorité des hommes d'aujourd'hui se rallient à cette logique formelle matérialiste ou conceptualiste. Bien peu d'entre eux se sont échappés de cette mentalité dualiste pour s'établir dans la mentalité moniste universelle et unificatrice. Tous ceux qui ne voient ou ne croient qu'à un seul côté des choses (bien ou mal, corps ou âme, sentimental ou intellectuel, etc...) sont dualistes, exclusifs et querelleurs. Tous ceux qui perçoivent les deux côtés des choses comme étant la face et le dos, où le commencement et la fin, peuvent seuls embrasser tout antagonisme et le transformer en. complémentarité pour établir leur paix dans la liberté. Tous ceux qui sont querelleurs, tous ceux qui ont quelque chose contre eux dans ce monde, sont dualistes. Ils n'auront jamais la paix. La paix n'est pas du tout collective. La paix n'est pas du tout dépendante. La paix est individuelle et personnelle.

La paix est un autre nom de la santé parfaite, du bonheur éternel, de la liberté infinie et de la justice absolue. Celui qui ne possède pas ces qualités ne peut pas savoir ce que c'est que la paix. L'incertitude et la peur sont les caractéristiques de ceux qui ne possèdent pas ces qualités. Ils mourront de leur incertitude et de leur peur, même dans l'abri d'une capitale blindée défendue par 90.000 bombes à hydrogène.

Comme illustration plus réaliste, nous avons :

Le cancer

Les civilisés considèrent cette maladie, ce phénomène d'ailleurs tout naturel, physiologiquement et biologiquement, comme le plus terrible fléau de la société humaine au cours de toute son histoire. Cette mentalité de peur révèle l'homme exclusif, solitaire, égocentrique, à l'esprit fermé, au corps durci, comme un petit chat au poil hérissé devant un chien méchant. Cette peur et cette hostilité grandissent et se transforment en actions agressives. Pour détruire l'ennemi le plus terrible en ce monde, on fortifie sa force d'agression en mobilisant à tout prix tous les moyens possibles physiques et intellectuels, moraux et immoraux. Mais pour effectuer la destruction totale et complète de son ennemi le cancer, l'homme ne doit risquer rien moins que sa propre destruction simultanée, puisque son cancer et son corps sont nourris à la même source de vitalité ; ce sont deux frère siamois avec un seul cœur ! Que gagnent-ils à se haïr à tout prix ?

Les non-civilisés qui vivent d'après la philosophie dialectique moniste s'étonnent aussi de l'apparition du cancer. Mais ils ne ressentent pas de peur, à plus forte raison pas d'hostilité. Ils éprouvent à peu près ce que ressent un enfant avenant, gai, courageux et innocent lorsqu'il a été grondé par le père qu'il aime. Il l'aime jusqu'au point qu'il peut donner sa vie pour le sauver si c'est nécessaire, puisque c'est son père qui lui a donné tout ce qu'il a. Les non-civilisés ne protestent pas contre la nature ou contre la vie qui leur a tout donné. Mais ils se sentent humiliés. Ils regrettent d'avoir troublé leur père universel, l'ordre de l'univers infini. Ils réfléchissent. Ils font une profonde auto-critique pour trouver la véritable cause de la gronderie infligée par leur père. Ils savent que celui-ci n'a jamais inutilement procuré quelque chose de désagréable ou de triste, mais qu'au contraire il distribue tout ce qui nous est nécessaire ou utile ou agréable, le manger, le boire, le soleil, la lune, les étoiles, l'air frais, les montagnes, la mer, les fleurs et les poissons... tous les atomes, l'espace infini.

Et le tout gratuitement ! Ils veulent tout accepter avec une profonde gratitude. Aucune protestation. La nuit est nécessaire pour que le jour existe. Le mauvais temps est nécessaire pour l'appréciation du beau temps. Le froid de l'hiver est nécessaire à la bonne germination des graines. Rien ne fut inutile ou destructeur depuis le commencement sans commencement. Tout est survenu depuis des milliards d'années pour l'embellissement de cette planète où nous vivons aujourd'hui si heureusement. Nous avons tout ce qui est nécessaire et d'abord nous avons la vie, cette merveille dont on ne comprend pas encore le mécanisme, ni la structure, ni le fonctionnement. Et qu'est-ce que la mémoire qui nous permet de penser et de juger ? Par quel mécanisme pouvons-nous exprimer et traduire notre pensée sous forme de comportement ? Et qu'est-ce que la compréhension ?

Enfin, les non-civilisés ont toute confiance dans l'ordre de l'univers infini qui est leur créateur, leur justice absolue. Ils n'ont aucun besoin de protester. S'il survient quelque chose de plus ou moins difficile à accepter, l'on n'a qu'à réfléchir, étudier et en rechercher la signification profonde. Ils y réfléchissent en oubliant le manger et le boire, même le dormir. Jour et nuit, ils pensent et repensent le tout en termes de Yin Yang. Détaché de tout, surtout détaché de l'abondance et de l'abus, le jugement se dévoile... Le jugement suprême brille comme le soleil dans une éclaircie au milieu de nuages noirs.

Un beau matin, ils se réveillent, redevenus des enfants avenants, gais, courageux et actifs comme auparavant.

Comme des nouveau-nés ! Les nouveau-nés n'ont aucune maladie (M'objectera-t-on qu'il y a des maladies héréditaires ? Je soutiens que c'est là une hypothèse ! Mieux encore, que c'est une blague ou un faux alibi fabriqué par de soi-disant médecins afin de dégager leur responsabilité dans le cas de certaines maladies qu'ils nomment « incurables ».) Il n'est pas juste que le nouveau-né ait à traîner toute sa vie le fardeau que méritèrent ses parents ! L'hypothèse de la maladie héréditaire est criminelle.

Quand on est détaché de tout, surtout du manger, on est détaché de toutes les maladies, puisque nous sommes ce que nous mangeons !

Du fait de la civilisation d'abondance et d'abus, nous nous nourrissons déjà trop. De plus, la théorie scientifique de la nutrition, qui date à peine d'une centaine d'année, nous recommande de manger des milliers de calories par jour. C'est la théorie de la surabondance. Ce n'est pas tout. Elle nous recommande de manger une certaine quantité de protéine animale ! C'est la tuerie collective ! La théorie déclare que c'est une nécessité, c'est-à-dire la justice ! Combien de millions d'animaux furent et sont tués au nom de la théorie de la nutrition ! Pourtant des centaines de millions de non-civilisés ont vécu avec succès en végétariens depuis des milliers d'années en Asie !

Il va de soi que l'homme est libre. Il est possible de manger des vaincus, et des faibles, innocents et sans défense. Ceux-ci sont peut-être nés pour nourrir les forts comme l'affirment les militants de « Struggle for life ». Chacun a son goût et sa liberté. On peut manger n'importe quoi.

Mais ici, je vous présente un conseil. C'est le secret que j'ai découvert au bout de ces cinquante ans que j'ai consacrés à étudier et enseigner le principe unique de la philosophie et de la science d'Extrême-Orient. Pour moi, c'est la clef du royaume des sept cieux. Elle peut vous permettre de vous immuniser toute la vie contre toutes les maladies y compris le cancer, et les maladies mentales. La voici : Suppression du sucre industriel et commercial et des proteines animales ! Ce sont les deux causes principales de tous nos malheurs dans la vie.

Vous pouvez toutefois prendre en petite quantité du sucre ou des protéines animales si c'est pour votre plaisir. Mais n'oubliez pas que des billions d'Asiatiques vivent très bien en ne mangeant pas de protéines animales depuis des milliers d'années en Chine et aux Indes, selon l'enseignement des anciens sages. On peut vivre sans manger de viande ni même de poisson. Ce n'est pas du tout nécessaire. Mais je vous le répète, vous pouvez en manger si c'est pour votre plaisir. N'en prenez toutefois qu'en quantité minime si vous ne voulez pas perdre votre santé physique et mentale. Si toutefois vous ne pouvez pas contrôler votre jugement sensoriel et animal, vous n'avez pas besoin de continuer à lire ce livre.

Après avoir étudié et enseigné la philosophie-médecine orientale traditionnelle pendant cinquante ans et après avoir constaté que cette médecine « défendue » a sauvé des milliers de malades désespérés, abandonnés comme « incurables », j'ai appris et j'ai compris une chose merveilleuse : le secret de la vie saine et magnifique. Il est extrêmement difficile de l'expliquer parfaitement dans un livre. Cependant, j'ai osé écrire quelques petits livres tels que « Philosophie de la médecine d'Extrême-Orient » et « Le Zen Macrobiotique ». Ce dernier est écrit pour tout le monde, et d'un point de vue pratique. Le premier est écrit d'un point de vue théorique. Le place me fait défaut pour résumer leurs contenus ici. Je me contenterai de vous répéter les conseils suivants ; les plus sincères conseils que je vous donne de tout mon cœur : (1) Supprimez complètement le sucre de votre table. (2) Apprenez que l'on peut très bien vivre sans être carnivore. (3) Mangez surtout des céréales complètes (ou le moins raffinées possible). (4) Mangez le moins possible de tous autres aliments (Vivere parvo !). (5) Buvez le moins possible (thé, boisson alcoolisée, eau, boisson exotique).

Essayez ceci pendant une semaine, ou deux, ou trois. Vous constaterez vous-mêmes.

Je ne puis pas quitter ce sujet sans ajouter quelques précisions aux deux premières conditions ci-dessus. (1) Le sucre industriel et commercial n'est pas du tout un aliment indispensable. L'homme a vécu sans connaître le sucre, pendant des milliers d'années. Le sucre est là seulement pour notre plaisir. Le plaisir est gouverné par notre jugement sensoriel. Et celui-ci nous fait souvent tomber dans de grands dangers. (2) La viande est appétissante. La civilisation de l'abondance et de l'abus nous en fournit beaucoup. La théorie de la nutrition en faveur aujourd'hui nous la recommande fortement. Mais en réalité, la viande et les protéines animales ne sont pas du tout « absolument nécessaires ». On peut très bien vivre sans en consommer. Tous les animaux peuvent produire les protéines particulières à leur espèce même quand ils n'ont à leur disposition aucune source d'azote, organique ou non. Tous possèdent la faculté de transmuter le carbone et l'oxygène en azote (voir : « Transmutations Biologiques », par L. Kervan, 1962, Maloine, Paris).

Si nous consommons habituellement beaucoup de protéines animales, en accord avec la théorie de la nutrition moderne, nous perdons cette merveilleuse capacité de fabriquer nous-mêmes nos protéines particulières. Ceci est une perte d'adaptabilité, c'est-à-dire une perte pour notre vitalité et notre indépendance ! C'est la même histoire tragique que pour l'insuline et la vitamine C. (Voir l'article sur la Vitamine C par Neven Henaff dans l'annexe de ce livre. La vitamine C en excès est d'ailleurs l'une des causes les plus graves du cancer.) En réalité, les protéines sont des produits que notre corps fabrique avec des matières en excès ou inutilisables autrement. Notre organisme nous montre ici un bon exemple de l'emmagasinage des matières en excès : les ongles, la peau surtout celle de la plante des pieds, etc... poussent ou épaississent très vite quand on en consomme beaucoup. Les verrues et les cancers sont aussi des formes d'emmagasinage des protéines animales inutiles. C'est l'emmagasinage de la mort ! Le cancer, c'est un emmagasinage de protéines en excès qui explose.

Nous examinerons plus amplement cette question par la suite.

Revenons pour l'instant à nos civilisés et à nos non-civilisés.

Les civilisés étant très savants, peureux et défaitistes, mobilisent tous leurs moyens scientifiques et techniques à seule fin d'abolir les symptômes dont ils ont peur et aboutissent à un fin tragique, à la destruction totale y compris celle de leur propre existence, à la mort et la fin de tout. Voilà l'explication de leur médecine symptomatique qui ne peut fondamentalement guérir aucune maladie mais seulement abolir des symptômes superficiels. Cette médecine est donc palliative. Elle ne s'efforce pas de trouver la cause de la maladie. En fait, elle ne s'occupe pas des maladies, mais seulement de supprimer leurs symptômes. Elle ne voit que les aspects superficiels de la maladie ; elle refuse de considérer le malade, le créateur de la maladie. Je suis en mesure de déclarer ici que la médecine symptomatique ne guérira jamais le cancer une fois pour toujours ; et d'ailleurs non seulement le cancer, mais aucune maladie, même le rhume ordinaire.

Les non-civilisés, humbles et modestes, à tendance autocritique, ayant toute confiance dans la vie universelle, et dans l'ordre de l'univers infini, recherchent en eux-mêmes la cause de tous leurs malheurs. Ils l'y trouvent, la corrigent et rétablissent leur santé, leur paix et leur liberté. Leur méthode pour y arriver est extrêmement simple : Prier et jeûner ! Prier, c'est tout reconsidérer en termes de Yin-Yang, qui est la justice de l'univers infini. Jeûner, c'est se débarrasser de ses protéines en excédent, ce qui a pour effet de décharger le foie et de soulager tout l'organisme. Voilà l'essentiel de la médecine fondamentale, divine et omnipotente.

Mais j'ai une question à vous poser, à vous, les civilisés. Pourquoi ne cherchez-vous pas à atteindre les causes réelles de la maladie et de tout malheur humain au lieu de mettre en œuvre les moyens les plus destructeurs pour n'éliminer que des symptômes superficiels et passagers ?

Quand vous y avez réussi, sans éliminer leur cause, ne savez-vous donc pas qu'ils sont tenus de réapparaître sous des formes variées à l'infini ? Etes-vous donc myopes ou daltoniens mentaux ?

Prenons l'exemple du diabète. Le diagnostic de la médecine symptomatique est basé sur l'insuffisance de la production interne d'insuline. Les docteurs ordonnent donc d'en injecter artificiellement de l'extérieur. N'est-ce pas là un traitement un peu trop simpliste, trop bon marché, trop enfantin ? Les docteurs ne s'inquiètent nulllement de rechercher ce qui cause cette insuffisance d'insuline ! L'hypoinsulinisme est toujours précédé par de l'hyperinsulinisme. Si l'on fournit alors l'insuline de l'extérieur, en abondance et régulièrement, le pancréas devient chômeur, se montre de plus en plus paresseux, et finit par perdre complètement sa faculté de fabriquer l'insuline... tout comme un enfant gâté auquel on a pris l'habitude de donner tout ce qu'il demande.

Prenons un second exemple, celui de la verrue et du cor au pied. Tous deux sont des excroissances. Ce sont des excédents, des amas de protéines excédentaires. Ils ne se rencontrent pas sur une personne végétarienne qui ne consomme pas de protéines animales. Ils affectent généralement les femmes plus que les hommes. C'est-à-dire que les femmes ont une plus grande capacité de produire les protéines que les hommes. Les femmes doivent donc être plus strictes que les hommes en matière d'abstention de protéines animales. En tous cas, la suppression totale de protéines animales dans l'alimentation fait disparaître les verrues et les cors en quelques jours, sans aucun traitement palliatif ni symptomatique. Il en va de même pour toute formation protéinique excédentaire, tumeur, etc. J'ai personnellement observé le cas d'une jeune fille qui s'est débarassée de deux centaines de verrues sur les jambes et les pieds en suivant pendant trois semaines les conseils de notre philosophie, sans recourir à aucun traitement externe. Or, le cancer est lui aussi une excroissance protéinique.

Un troisième exemple : Les cheveux qui tombent. A

Londres, sur les murs du métro et ailleurs, j'ai souvent eu l'occasion de lire la grande publicité de spécialistes qui prétendaient remédier à la chute des cheveux. Pourtant, la calvitie est plus répandue en Occident qu'ailleurs. Pourquoi ? Quels sont la cause et le mécanisme qui font tomber les cheveux ? La civilisation scientifique civilisée n'a, en fait, jamais recherché la cause ni le mécanisme de la production d'un système pileux pourtant si généralement développé chez les Européens à l'encontre des Asiatiques. Comment se fait-il que les Européens, plus poilus, soient aussi les plus atteints par la calvitie ? Jamais personne n'a essayé d'expliquer ce problème. Je remarque à ce sujet que les Orientaux ne mangent guère de protéines animales.

Les animaux herbivores sauvages ont besoin de chercher des végétaux tout le temps pour avoir assez d'énergie et de matière. Ce ne leur est pas toujours facile d'en trouver assez, selon les lieux, les saisons et d'autres circonstances biologiques et bioécologiques. Mais ils ont leur adaptabilité merveilleuse qui est la vie elle-même et qui grandit en proportion directe de la pauvreté de leur approvisionnement matériel. Cette adaptabilité merveilleuse leur permet de fabriquer les protéines animales particulières à leurs espèces à partir des produits végétaux. Cette capacité productive étant assez grande, et d'ailleurs élastique, fonctionne, en proportion inverse de leurs ressources en matières azotées, et, plus généralement, des facteurs favorables à leur existence. En particulier ils fabriquent plus de protéines en hiver lorsque leurs ressources végétales deviennent souvent très réduites. Par contre, en été, ils trouvent des végétaux en abondance et réduisent leur fabrication de protéines. C'est là la loi paradoxale dialectique : Yin produit Yang et Yang produit Yin ! C'est la loi fondamentale de la vie, tout à fait ignorée de la biologie et de la physiologie modernes.

Vous avez donc compris, j'en suis sûr, pourquoi les animaux sauvages grossissent sous le climat froid qui leur est défavorable en apparence. C'est à cause de cette adaptabilité dialectique de tous les êtres vivants que les animaux sauvages ou naturels produisent plus de protéines en hiver. Ou plutôt c'est le froid et la pénurie qui incitent notre organisme à produire plus de réserves. C'est le froid et la pénurie qui seuls peuvent animer notre adaptabilité et productivité !

L'homme inventa le feu et découvrit le sel. Ce fut le commencement de la civilisation. Le feu et le sel étant les deux grands facteurs de Yanguisation (productivité de chaleur et d'énergie) l'homme put ainsi se procurer à volonté la chaleur et l'énergie de l'extérieur. Il perdit ainsi sa propre résistance contre le froid. Ceci le conduisit à s'habiller. Plus il s'habilla, plus il devint frileux. Voilà la loi dialectique en action : Plus grande l'utilité, plus grande l'inutilité. L'utilité produit l'inutilité ou même la nocivité. Le feu et le sel, les deux grands facteurs externes de Yanguisation conduisent l'homme à perdre sa propre faculté interne de Yanguisation ; autrement dit à augmenter ses facultés de Yinisation (plus de sensibilité, de sentimentalité, et de pensée exclusive). Sa productivité de protéines animales baisse de plus en plus. Afin de se les procurer, l'homme devient plus carnivore. Plus il mange de protéines animales, plus il perd sa propre capacité de produire ses protéines spécifiques. Il devient de plus en plus paresseux, c'est-à-dire de plus en plus civilisé. Il ne chasse pas ni n'élève pas lui-même ; il laisse aux éleveurs professionnels le soin de lui fournir la viande en abondance. De fil en aiguille l'homme perd totalement ou presque sa faculté de produire ses protéines vierges et particulières. La consommation des produits animaux lui devient de plus en plus nécessaire. Ils sont d'ailleurs plus délicieux et plus faciles à digérer. On en mange de plus en plus. Notre organisme est même bientôt obligé de créer un mécanisme pour détruire les excès de protéines importées, et d'utiliser un autre mécanisme pour se décharger rapidement de ses réserves, encombrantes sinon menaçantes, de capacités calorifique et énergétique. La destruction des protéines se fait avec grande augmentation de l'acidité extracellulaire, ce qui cause une dilatation générale de tout l'organisme, des tissus et surtout de la peau qui est l'organe le plus facile à dilater. Le déchargement rapide d'énergie s'exprime en forme d'activités promptes et immédiates : querelles ou décharges sexuelles qui yinisent l'homme par perte d'énergie et de sel. En conclusion : Yinisation générale, c'est-à-dire dilatation générale. La peau dilatée perd ses facultés de retenir les racines de la chevelure ; d'où la chute des cheveux.

La cause immédiate principale de la calvitie est l'abus d'énergie sexuelle, et celle-ci résulte à son tour de l'alimentation trop carnée. Une autre cause de la calvitie est l'alimentation trop Yin (excès de vitamine C, sucre, potassium, phosphore, etc.) qui dilate ou yinise les tissus, la peau, etc.

Les causes de la chute des cheveux étant ainsi établies, la guérison en est extrêmement facile et simple : Suppression totale du sucre, de la vitamine C et des protéines animales, etc. Traitement secondaire plus ou moins symptomatique : consommer journellement 10 grammes d'algues marines. Nous en avons une centaine d'espèces comestibles dont les plus efficaces sont : « wakamé », « iziki », « aramé », etc.

Les Japonaises qui aiment consommer les algues marines, qui utilisent les shampooings à base de « Hunori » (une espèce d'algue) et qui ne mangent pas de viande ont une belle chevelure atteignant fréquemment un mètre cinquante de long. Vous pouvez voir encore pour votre édification de grosses cordes fabriquées il y a quelques centaines d'années, avec la belle chevelure des Japonaises. Ces cordes étaient particulièrement estimées pour traîner les gros blocs de pierre en provenance des pays du Nord à travers champs et montagnes. Elles furent employées pour amener d'une centaine de kilomètres jusqu'à Kyoto, la capitale boudhiste, les blocs pour la construction de la grande cathédrale Honganzi qui se trouve près de la gare principale de la ville et attire tous les touristes. Il y a une dizaine de tas de cordes (10 cm de diamètre sur plusieurs dizaines de mètres de longueur) enroulées comme des boas extraordinaires.

Voilà dans ses grandes lignes la différence entre la médecine symptomatique et la médecine fondamentale. Je ne nie pas complètement l'utilité de la médecine symptomatique. Notre philosophie reconnaît et décrit sept étapes du jugement et de la compréhension. L'immense majorité des hommes en est aux étapes inférieures, et même à l'étape la plus basse, celle que nous appelons mécanique ou aveugle. Pour eux, la médecine symptomatique et palliative est utile. Mais ceux qui veulent vivre une longue vie complète, magnifique et amusante, qui veulent réaliser leurs rêves chéris l'un après l'autre tout au long de leur vie, ceux-là doivent posséder le jugement suprême, la septième étape du jugement. La philosophie de la médecine du bonheur d'Extrême-Orient les guidera.

La civilisation scientifique et technicienne a pour objet de satisfaire à tous nos désirs et de nous procurer tous les plaisirs. Je l'admire. Elle nous donne une vitesse formidable. Je l'aime beaucoup puisque c'est grâce à elle que je peux voir nos sœurs et nos frères étrangers et lointains. Je lui suis très reconnaissant sur ce point. (C'est sur ce point que je suis différent de Gandhi).

Je voudrais que l'homme n'abuse pas de cette belle civilisation merveilleuse. Pour cela, l'homme doit dévoiler son jugement suprême en étudiant et en pratiquant peu à peu cette philosophie presque totalement oubliée aujourd'hui.

CHAPITRE V

Critique
de la thérapeutique symptomatique

Il y a beaucoup de choses que je ne peux pas comprendre dans la thérapeutique de la médecine symptomatique ; par exemple :

(1) « Le cancer n'est ni un poison ni un parasite
« qui nous envahit ; il est constitué de cellules
« incompréhensibles et malignes que produit
« notre propre organisme. »

Du moins, la médecine occidentale a découvert ce fait : le cancer est produit par nous-mêmes. Mais la science moderne qui est si réputée pour son exactitude et sa précision n'arrive pas à trouver le mécanisme de cette production. Pourquoi ? Je ne peux pas le concevoir.

Un docteur spécialiste japonais H. écrit que « la cause du cancer est le sel dans la cuisine, et peut-être est-elle dans le riz » ! Ce spécialiste a fait une double faute dualiste... (1) Il a accusé le sel qu'on emploie dans la cuisine depuis des milliers d'années. Avant l'importation du sucre, le sel était le principal assaisonnement, le plus abondamment employé dans toutes les cuisines du monde. Donc ce médecin doit prouver qu'il y avait beaucoup plus de cancéreux dans l'antiquité qu'aujourd'hui. Ce qui n'est pas. De plus, il ne connaît pas l'importance du sel qui, étant le plus grand facteur Yanguisateur de notre alimentation, est de ce fait le plus apte à procurer la guérison du cancer. (2) Les Japonais ainsi que les Chinois sont mangeurs de riz, depuis des milliers d'années. Toutefois, il n'a jamais été remarqué qu'autrefois le cancer fût particulièrement prévalent dans leurs pays. L'augmentation du nombre des cancéreux dans ces pays date seulement de quelques décades. Il y a d'ailleurs deux grandes catégories de riz alimentaire : (A) Le riz complet, non travaillé ni poli, mais naturel. On peut le conserver indéfiniment sans aucun traitement chimique. (B) Le riz dépouillé de la pellicule transparente protectrice qui est extraordinairement résistante à tous les produits chimiques (surtout à l'acide sulfurique, l'acide fluorhydrique et tous les acides en général) dépouillé aussi de ses enveloppes, la couche extérieure, la couche intermédiaire, la couche intérieure, et d'autres encore qui contiennent tous les minéraux nécessaires à l'homme et aussi toutes les vitamines, les lipides, les protéines, etc. Ce polissage du riz le laisse à l'état de simple boue d'amidon ou hydrate de carbone, sans aucun élément minéral, ni protéines ni vitamines, ni lipides, c'est-à-dire un aliment assez défectueux que l'on ne peut conserver sans l'aide de produits chimiques ni emmagasinage spécial. Ce riz trop raffiné appelé « Riz Blanc », est à la mode depuis l'importation, il y a à peu près une soixantaine d'années, de machines allemandes dites « Engelburg ». L'homme à l'étape du jugement sensoriel devient l'esclave de son goût, ce qui n'est pas sans dangers. La décadence des empires mondiaux, tout comme celle de n'importe quel organisme, commence toujours par l'intérieur. Les peureux, les exclusifs, les défaitistes, les irresponsables, seuls considèrent que tout malheur vient de l'extérieur. Ce faisant, ils révèlent leur état de dépendance de l'extérieur, leur état d'esclavage volontaire. Celui qui accuse un autre est lui-même injuste. L'ordre de l'univers infini qui suscite, anime, détruit, transmute tout dans cet univers est la justice absolue. Tous ceux qui ont violé la justice absolue doivent payer cher.

Ce spécialiste qui accuse le sel et le riz (en confondant d'ailleurs les deux catégories de riz (A) et (B) d'être les causes du cancer, payera cher son erreur. Tôt ou tard il finira comme tous les grands spécialistes cancérologues japonais qui sont morts du cancer l'un après l'autre ! Ils ont payé doublement : ils sont morts prématurément et ont perdu la face. Si vous donnez du riz A et B à un rat, ce dernier sautera sur le riz A et jamais sur B. Il ne se trompe jamais. Ces spécialistes cancérologues ont le jugement beaucoup plus bas que ne l'a un rat.

Ce même spécialiste cancérologue japonais trouve bon aussi de menacer ceux qui ne boivent pas de lait. Quel simpliste ! Cela m'étonne beaucoup. Il ne peut pourtant pas ignorer que les Japonais n'ont jamais eu la coutume de boire le lait comme un aliment convenant à l'homme adulte. Le lait commercial, c'est-à-dire le lait de vache, est uniquement destiné aux veaux et seulement pendant les tout premiers mois suivant leur naissance. De plus, les Japonais ont toujours professé qu'il faut éviter d'exploiter d'autres êtres, qu'il faut s'efforcer de demeurer indépendants. Et ce docteur spécialiste ne peut pas non plus ignorer le fait que le cancer n'était pas particulièrement prévalent parmi les Japonais qui ne consommaient pas le lait de vache. Par malheur, les Japonais dans leur ensemble acceptent tout avec grâce, vilain temps comme beau temps, et n'ont guère d'usage pour le mot de « protestation » du fait de l'enseignement familial et scolaire. Ils ont donc maîtrisé leur dégoût du lait de vache pour être fidèles aux maîtres civilisés. Mais avec combien de difficultés au commencement ! Boire le lait d'un animal ! Faire boire le lait de vache aux chers enfants et bébés, ce qui veut dire en faire des frères ou sœurs de lait des veaux, des enfants adoptifs des bêtes ! Ceci n'est, bien entendu, qu'une objection sentimentale mais pourquoi donc les spécialistes de la médecine occidentale sont-ils tous favorables à la consommation du lait de vache ?

En ce qui concerne les bébés, serait-ce parce que les femmes modernes ont perdu ou veulent perdre leur faculté de lactation ? En ce qui concerne les autres, serait-ce une mode ou une superstition scientifique ? Une influence du mercantilisme moderne ? Un culte de la nouvelle religion épicurienne ? Peu importe. Mais il est alarmant que l'homme deviennent dépendant de mammifères inférieurs, après avoir produit une belle dentition.

L'on peut, si l'on veut, accuser n'importe quoi d'être la cause du cancer ou d'un malheur, pourvu que l'on explique en détail biologiquement, biochimiquement, d'une manière concrète et précise le mécanisme par lequel cette chose produit le cancer ou ce malheur ; en même temps, on doit le démontrer par la guérison fondamentale, efficace une fois pour toutes. Les statistiques sociologiques, géographiques ou politiques, etc., n'ont aucune valeur dans le domaine de la santé, de la beauté, du bonheur, de la justice, de la liberté. D'ailleurs, tous les choix effectués par les moyens de statistiques, d'élections, de votes d'une « majorité » pivotante, n'ont de validité que dans une société constituée d'ignorants, d'esclaves, d'individus aux étapes les plus inférieures du jugement, de gens qui ne connaissent pas la justice ! La majorité, aussi bien que l'autorité, peut se tromper. L'histoire en montre tant d'exemples tragiques : D'une part Socrate, Jésus, Galilée, Giordano Bruno brûlé, Martin Luther accusé par le Vatican ; d'autre part, tant de maîtres scientifiques autoritaires qui ont opprimé leurs disciples de génie...

La majorité, c'est la masse. La masse est la puissance physique. Le génie et la sagesse clairvoyante peuvent être et sont parfois dans une minorité. La puissance physique et la puissance spirituelle sont différentes, et parfois antagonistes. Les statistiques qui sont la voie de la masse, ne sont pas toujours la voie de la sagesse et du génie.

La majorité peut décider du prix des choses, mais non pas de ce qui fait une valeur. Voici un autre bon exemple :

Les cigarettes et le cancer. Le gouvernement américain a déclaré que l'usage des cigarettes doit être la cause la plus grave du cancer des poumons. Il a été convaincu par les statistiques des médecins. L'Etat s'est soumis à la majorité. Ce n'est pas la première fois aux Etats-Unis. Dans les pays soi-disant démocratiques toute la politique est dominée par la force de la majorité. La « Prohibition » de l'alcool aux Etats-Unis (1919-1933) est un exemple du passé. Cette nouvelle « Défense de fumer » finira comme la « Défense de boire » qui l'a précédée.

Un des trois premiers Empereurs savants de l'ancienne Chine prévut lorsque le premier breuvage de ce genre fut inventé que la boisson alcoolisée causerait beaucoup de maux dans le futur. Mais il se refusa à la « prohiber ». Il est vrai que les Chinois ne boivent pas beaucoup et qu'il n'y a pratiquement jamais eu lieu de se plaindre des abus de la boisson en Chine. Le jugement des peuples de la grande Chine est très élevé grâce à l'enseignement de la philosophie de l'ordre de l'univers infini, de Yin-Yang, de la dialectique pratique et universelle. Ce fut la victoire de la force logique, de la philosophie universelle, sur la force de la majorité.

L'alarme aux fumeurs américains n'est basée que sur des statistiques et pas du tout sur la logique. Elle ne décrit avec précision aucun mécanisme par lequel la fumée des cigarettes produirait le cancer des poumons. On écrit qu'il y a quelques matières cancérigènes dans la fumée des cigarettes. Mais il y a beaucoup plus de matières cancérigènes de même nature dans le « smog » de Londres où tout le monde aspire quotidiennement une quantité de ces matières correspondant à l'usage de 80 cigarettes par jour. Toutes ces discussions sur des sujets dont on ignore à peu près tout, ne sont que pertes de temps.

Ce qui aurait de l'importance serait de donner une explication exacte et précise, biologique, biochimique et physiologique du mécanisme par lequel le cancer se produit spontanément dans notre organisme et même chez les non-fumeurs. D'abord, il est nécessaire d'expliquer les différences personnelles manifestées par les individus en ce qui concerne leur immunité naturelle à l'égard du cancer. Et tout d'abord, qu'est-ce qu'une immunité naturelle ? Ni la médecine ni la physiologie modernes ne répondent.

60

L'immunité, c'est un mot pour couvrir une ignorance. L'immunité est « quelque chose d'inconnu et d'incompréhensible », le digne pendant des « humeurs fébriles » dans les comédies médicales de Molière.

L'immunité entendue comme résistance victorieuse à l'apparition de toute maladie, est une des caractéristiques de la vie parfaite d'après la philosophie dialectique pratique d'Extrême-Orient. Et qu'est-ce que la vie parfaite ? Métaphysiquement parlant, la vie est la liberté infinie, le bonheur éternel et la justice absolue, dont tout le monde peut jouir. Voilà la base fondamentale des droits de l'homme, bien qu'ignorée de la fameuse Déclaration. Physiquement parlant, la vie est la matérialisation de l'infini-absolu-invisible avec ses longues étapes d'organisation cosmogonique, énergétique, nucléaire, atomique, puis, à travers les époques géologiques, d'organisation monocellulaire, multi-cellulaire, etc., aboutissant à l'homme, et inversement, c'est le long voyage de retour par la dématérialisation ou la spiritualisation éternelle. La « mort » est une imagination de la peur ; c'est l'ombre de l'ignorance de cet ordre grandiose de l'univers infini.

D'après le principe unique de l'ordre de l'univers infini, c'est-à-dire de la dialectique pratique Yin-Yang, fumer le tabac est classé dans la catégorie Yang. Il est vrai que le tabac pousse dans les climats chauds (Yang) ; de ce fait il est Yin. Il pousse haut (donc il est dominé par la force centrifuge Yin) ; les feuilles sont grandes, étendues (donc dominées par la force centrifuge Yin) ; comme plante, le tabac est donc très Yin. Mais il est ensuite séché, déshydraté (perte d'eau qui est Yin signifie Yanguisation), puis il est brûlé (ce qui constitue la plus grande Yanguisation et en chasse tout ce qui est Yin) ; de ce fait, la fumée qui monte droit en l'air du bout de la cigarette allumée est bleuâtre ou violacée (Yin), et représente la dernière élimination des caractère Yin du tabac ; la fumée qui descend vers le bas par l'extrémité que l'on tient à la bouche est au contraire d'une couleur Yang jaune rougeâtre (tout ce qui descend est dominé par la force Yang centripète).

Ce que le fumeur aspire, ce n'est pas la fumée violacée (Yin), mais la fumée jaune-rougeâtre Yang. Quelle sagesse instinctive ! Biochimiquement parlant, la fumée violacée contient des composants Yin tandis que la fumée jaune-rougeâtre contient des composants Yang. L'analyse biochimique le confirme avec toute la précision désirable. Le cancer étant produit par l'excès de matière extrêmement Yin, la fumée Yang du tabac est très recommandable pour la guérison et pour la prévention du cancer. C'est d'ailleurs un fait bien connu que l'on maigrit plus ou moins lorsque l'on commence à fumer (par Yanguisation, constriction, force centripète). Au contraire, le fumeur grossit, se dilate, lorsqu'il cesse de fumer. On sait aussi que les femmes enceintes qui fument donnent naissance à des bébés moins gros, plus petits que la normale. Vous avez compris que fumer, c'est se yanguiser. Le cancer étant yinisation explosive, dilatation continuelle (dominé qu'il est par la force Yin centrifuge, dilatatrice), sera contrarié dans son développement par l'absorption de la fumée Yang constrictrice. Cela peut mener à sa régression et finalement à sa résorption.

Naturellement, fumer le tabac n'est pas le seul moyen d'agir pour obtenir la guérison du cancer ; il y en a beaucoup d'autres, et de plus efficaces, tout comme il y en a aussi beaucoup qui favorisent son apparition. Mais nous pouvons déclarer en toute certitude que fumer le tabac est plutôt recommandé pour les cancéreux comme pour tous ceux qui veulent fortifier leur immunité contre le cancer. Il me serait possible de développer ce sujet en plusieurs gros volumes d'études biochimiques et physiologiques afin de réduire à néant la récente déclaration officielle accusant le tabac, mais ce n'est pas encore le moment de le faire.

(2) « *Les cellules cancéreuses se déplacent très facilement comme les amibes. A cause de cela, il est extrêmement difficile de les rattraper et de les détruire.* »

Ceci n'est qu'une excuse de la part des médecins et

rappelle le cas du soldat se plaignant de ce que son ennemi se déplace et ne lui permette pas de prendre une bonne visée. Le déplacement, l'instabilité, les propriétés centrifuges sont Yin. Cela confirme la nature yin du cancer. Rien n'est plus facile à réduire que cette propension Yin à la migration ; il n'y a qu'à réduire les importations quotidiennes de ressources yin par le malade, et notamment l'eau, le sucre, la Vitamine C, les fruits, salades, boissons, surtout les jus de fruits, le lait, etc.

> (3 *Les cellules cancéreuses se dispersent très facilement dans tout l'organisme. Cela nous donne beaucoup de difficultés.* »

Ceci est une autre caractéristique Yin : la séparation, le décollement les unes des autres, la dispersion, l'exclusivisme... Tout ceci confirme encore, s'il était nécessaire, la nature extrêmement yin du cancer. Quand donc les médecins modernes comprendront-ils que c'est là la grande piste des recherches fructueuses au sujet du cancer ?

> (4) « *Quand la fin approche, le cancéreux perd de plus en plus vite les protéines de son organisme ; en même temps la perte du sang se produit par on ne sait quel mécanisme.* »

Le cancer étant un emmagasinage de protéines en excès, plus on consomme de protéines inutilisables, plus le mécanisme d'emmagasinage acquiert d'efficacité. Toute fonction se développe en s'exerçant. Le sang étant la source des protéines pour le milieu interne, il s'appauvrit par ce fait de plus en plus vite.

D'où donc vient cette protéine qui s'accumule dans le cancer ? Il est évident qu'elle est fournie par notre sang. Et d'où vient ce sang ? Cela va de soi que notre sang est fabriqué dans nos intestins à partir des aliments importés et digérés par nos organes digestifs. Ceci est ma conviction logique depuis plus de 40 ans, ma conviction découlant du principe unique dialectique Yin-Yang. (Les Professeurs K. Chishima et K. Morishita l'on prouvé en réussissant à cinématographier microscopiquement il y a déjà quelques années la transformation des produits alimentaires digérés en sang et celle des hématies en matières protéiniques du cancer). L'hypothèse de la fabrication du sang dans la moelle des os est sans fondement scientifique.

Les mécanismes qui transforment les produits alimentaires digérés en sang et le sang en cellules cancéreuses sont Yin. Ces deux transformations peuvent être inversées avec les facteurs antagonistes, Yang. Celui qui connaît ces mécanismes peut diriger ces transformations soit dans un sens cancérigène soit en sens opposé.

(5) « *Le cancer est l'ennemi le plus redoutable de l'homme depuis l'antiquité.* »

Voici la plus nette « Déclaration de l'exclusivisme et de l'arrogance de l'homme ». C'est la Déclaration du civilisé dit chrétien contre le précepte « Ne résiste pas, même contre le méchant ! » Le cancer, ce n'est d'ailleurs pas votre voisin ni même le locataire de votre maison, c'est bel et bien votre frère de sang. Lui témoigner de l'hostilité c'est témoigner que l'on a peur de lui. L'hostilité et la peur sont les caractéristiques de celui qui n'a pas la confiance, ni l'amour universel, ni la générosité ; celui-là est déjà vaincu et défait. La peur est l'état de conscience de celui qui est déjà battu et tué ! L'hostilité est la mentalité désespérée de celui qui est déjà défait. La thérapeutique de la médecine symptomatique est le corollaire de cette mentalité défaitiste.

Pour guérir du cancer ces malades défaitistes, il est nécessaire de les libérer de cette mentalité avant tout et à tout prix. Autrement tout est inutile, le malade étant déjà vaincu. Le cas de Dr. Y. Tazaki, chef de l'hôpital annexe de l'Institut Central du Cancer du Japon, illustre tout cela mieux que je ne saurais le faire.

Né le 5 juillet 1898, mort le 24 mai 1963, le Dr. Y. Tazaki était un des dirigeants du Mouvement National pour la Détection Rapide du Cancer. Son cancer de la gencive a été découvert deux ans avant sa mort, lorsque ce cancer n'avait encore que la taille d'un grain de riz. Il a aussitôt rédigé son testament qui a été publié immédiatement après sa mort dans une revue mensuelle très populaire : « Huzin Kohron ». Sa lecture m'a profondément choqué et je le regrette énormément pour la médecine occidentale et autoritaire :

« *Testament* »　　　　　　le 28 août 1961

« Il ne faut pas que mon cas soit publié comme un cas de cancer, mais comme un cas d'inflammation chronique de la gencive. Je le demande en faveur de mes deux filles qui sont encore très jeunes. (C'est-à-dire je crains que mon cas ne leur procure des difficultés quant à leur mariage.)

« Encore une autre raison pour ne pas mentionner le nom de cancer : Depuis des années j'ai travaillé à propager dans tout le Japon l'idée que « *Plus rapide est la détection, plus sûre est la guérison* ». Je ne dois tout de même pas leur laisser l'exemple que je n'ai pas pu me sauver moi-même. Tout le monde en serait découragé et perdrait confiance dans la médecine moderne, la jugeant complètement incapable.

« Il me semble que c'est une fatalité que nous soyons rattrapés par le cancer. Il nous faut bien admettre que le cancer se produit souvent dans des endroits du corps qui n'ont pas éprouvé d'irritation chronique.

« Il ne faut jamais révéler au malade qu'il a le cancer. Si le malade est lui-même un médecin, il faut faire bien attention à la terminologie qu'on emploie pour parler avec lui. »

D'après ce testament, il est clair que le Dr. Tazaki n'était pas tout à fait scientifique, qu'il était plus ou moins fataliste, qu'il croyait à l'impossibilité de guérir du cancer : c'est-à-dire qu'il possédait une mentalité défaitiste. Il était trop sentimental pour proclamer la vérité scientifique. Il avait toujours si peur.

(6) « *Les cancérologues ont commencé à produire le cancer artificiel.* »

En 1915 et pour la première fois dans le monde, le Dr Yamagiwa a réussi à produire artificiellement le cancer cutané chez la souris après avoir sacrifié quelques dizaines de milliers de ces animaux. Il les frictionnait avec du goudron pour consolider son hypothèse que la production du cancer est due à une irritation chronique. Il est devenu le fondateur de l'Institut du Cancer du Japon. J'admire sa patience et sa volonté d'aboutir, mais je ne puis pas apprécier sa méthode expérimentale, plus empirique que scientifique ! C'est un empirisme conceptuel ! C'est du conceptualisme !

Les recherches sur le cancer ont été basées dès leur début sur les statistiques. Un certain nombre de travailleurs ont été atteint de cancer. L'on a aussitôt déduit que les matières traitées journellement par ces travailleurs devaient contenir des composants chimiques cancérigènes. Quelle mentalité simpliste ! Lorsqu'il est établi que l'on peut produire le cancer par l'irritation au moyen d'un certain produit, l'on n'a pas encore établi si c'est l'irritation ou la composition chimique du produit qui sont la véritable cause du cancer. Une fois que ce dernier point a été établi de manière satisfaisante, il convient de considérer les conditions optima physiques, biologiques, chimiques et physiologiques, et en même temps le terrain, le sexe, l'âge du sujet, la saison, etc. Après que toutes ces dernières conditions auront été étudiées, il faudra encore rechercher s'il ne se rencontre pas d'exceptions, c'est-à-dire s'il n'existe pas de sujets immunisés. N'en trouverait-on qu'un seul, il faudrait recommencer toutes ces recherches au sujet de l'individu présentant cette immunité... Hélas pour la Science ! Les médecins sont contents d'avoir confirmé une seule de ces circonstances, empiriquement et conceptuellement, et d'ignorer la part de chacune des autres, y compris même celle de l'immunité dont l'existence est pourtant un fait aujourd'hui bien établi.

On a aujourd'hui réussi à produire artificiellement un grand nombre de genres différents de cancer : cancers de Bashford, de Flexner-Jobling, de Huzinami, de Likubo, de Kato, de Yoshida, etc. Et l'on ne sait pas s'ils sont de même nature, ni pourquoi ils sont produits par des composés chimiques différents, ni par quels mécanismes ils apparaissent ni pourquoi certains d'entre eux peuvent être transplantés et continuer à se développer sur d'autres animaux sains, alors que d'autres ne le peuvent pas, etc... Il y a encore tant de problèmes qui réclament des solutions.

Examinés à la lumière du principe unique dialectique pratique, toutes les substances chimiques avec lesquelles on réussit à produire des cancers se révèlent être Yin. Tels sont la quinone, le fructose, la rhodamine, les colorants azotés, etc.

(7) « En étudiant le cancer des souris, E. Bashford et M. Haarand ont trouvé que l'on peut immuniser ces animaux par injection de cellules d'animaux sains de la même race ; qu'en particulier la peau d'un fœtus, le sang intégral sont efficaces, etc... »

Les cellules en bonne santé, et particulièrement celles d'un fœtus, et aussi les jeunes hématies, sont tous Yang ! Que leur faut-il donc pour comprendre ? C'est lamentable.

(8) « On peut transplanter le cancer d'un animal à un autre d'une espèce différente si celui-ci a été suffisamment irradié au préalable par les rayons X bien que ceci ait été tenu pour impossible. »

Pour celui qui connaît un peu le principe unique dialectique et pratique de la philosophie Yin-Yang, cette assertion paraît enfantine, étant donné que les rayons X sont un des facteurs de yinisation les plus forts qui existent.

(9) « Le Dr Sirai a découvert que l'on peut réussir une transplantation hétérogène si elle est pratiquée dans le cerveau. »

Ceci est évident si l'on songe que le cerveau est l'organe le plus Yin du corps humain, le plus opposé à la plante du pied qui est au contraire la partie la plus Yang. Nous pouvons même lui indiquer que, de ce fait, la plante du pied est la région du corps la plus résistante à la greffe hétérogène d'un cancer, surtout si ce pied n'est pas un « pied-plat ». Et encore qu'après le cerveau les organes les plus accessibles à la greffe hétérogène sont l'œil et généralement la peau.

> (10) « *La théorie d'un virus comme cause du cancer est de plus en plus admise ces jours-ci.* »

Le fictif éclipse le réel lorsque celui-ci est difficile à imaginer. Le mauvais détective dont l'imagination est voilée se pense justifié pourvu qu'il puisse désigner un accusé plausible. Le virus, qui est un inconnu invisible, peut-être même inexistant, possède toutes les propriétés de l'excellent accusé, celui qui ne peut pas présenter de défense. La théorie du virus est un faux alibi de médecins incapables de trouver la véritable cause de cancer, dont la guérison continue à leur échapper. Quant à la cocasse théorie du « virus latent », c'est le magnifique inconnu confirmé, ou le fontôme consolidé et photographié :

> (11) « *On peut très facilement produire le cancer du foie en mêlant un colorant azoté à l'alimentation du rat. Mais il est impossible de le produire chez le cochon d'Inde ou le lapin.* »

Pourquoi ? On ne le sait pas. Toutefois, avec la théorie du « virus latent » ou « introuvable » on peut résoudre cette question très facilement.

L'ignorance volontairement maintenue par le manque du sens d'exactitude et de précision est un autre nom pour l'arrogance ou l'exclusivisme. L'on ignore une différence qui pourtant saute aux yeux : le colorant azoté (avec $=N=$) est un produit chimique très Yin ; le rat, qui est un animal nocturne, donc très Yang, est par conséquent très sensible à un facteur Yin importé ; le lapin et le cochon d'Inde sont, au contraire du rat, des animaux diurnes, et de plus, exclusivement végétariens, de tempérament extrêmement doux, tous caractères Yin. C'est le même genre de fausse observation qui a conduit les physiologistes à la confusion la plus complète au sujet de l'antagonisme de l'ortho-sympathique (Yin) et du para-sympathique (Yang) au niveau des divers organes Yin ou Yang. Les cancérologues ne connaissent-ils pas la biologie ni la zoologie ?

(12) « *Les cancers artificiellement produits par la
méthode de Nishiyama (glucose), de W. C. Heu-
per (nickel), de Sakurada (colorants) et de
B.S. et E.T. Oppenheimer (produits chimiques
macromoléculaires enfouis) peuvent apparaître
en forme de sarcomes. Ces matières, quoique
toutes différentes chimiquement, produisent les
mêmes résultats. C'est tout à fait incompréhen-
ble. Mais nous pourrons éclaircir toute cette
incompréhension par la théorie du virus
« latent ».* »

On ne peut mieux confesser que la conception du
« virus latent » n'est qu'une hypothèse de haute fantaisie.

(13) « *On peut imaginer que le virus du cancer
aurait les caractéristiques suivantes : (a) Il doit
exister toujours chez tous les animaux qui peuvent être atteints de cancer, (b) chaque genre
de cancer a son virus particulier, et chaque
virus a ses diverses variétés, (c) les différents
virus peuvent produire le même genre de cancer selon l'espèce de l'animal, (d) le virus
« latent » peut être activé par une certaine
métamorphose des cellules (mais ce n'est pas
nécessairement commun).* »

On peut s'efforcer de trouver de telles caractéristiques.
Mais l'on ne doit pas être désespéré si l'on n'y arrive pas,
puisque le virus « latent » ne peut pas exister.

Quelle triste et tragique perspective ! C'est une véritable
spéculation sans espoir !

(14) « *Le plus difficile à comprendre c'est que l'on
puisse produire le sarcome par des produits
chimiques macromoléculaires enfouis dans l'organisme depuis plus d'un an. Ceci est tout à fait
déroutant.* »

C'est simplement ignorer qu'il y a des macromolécules
Yang et d'autres Yin.

Avec les plus Yang et les plus Yin, on obtiendra comme
de juste des résultats tout à fait opposés.

(15) « R. Sasaki et T. Yosida ont réussi à produire le cancer sur les rats en leur donnant de l'ortho-amino-azotoluène pendant 250 à 300 jours. Dans ces conditions tous les rats le développent sans exception. C'est un rapport étonnant. R. Kinosita a trouvé que l'on peut produire ce cancer avec le jaune de beurre en 150 jours. »

C'est la même chose que pour les colorants azotés.

(16) « Le cancer peut être produit par le « kangri » (Yang), par les rayons X, par le radium, par les rayons ultraviolets (Yin) etc... »

Ceci n'a rien d'étonnant si l'on se rappelle qu'on peut produire le même résultat avec les deux facteurs antagonistes : par exemple la peau sera « brûlée » par contact avec un objet extrêmement froid de même que par le feu.

(17) « On peut empêcher ou prévenir ce cancer en donnant de la poudre de foie. »

Le foie est un des cinq organes les plus Yang d'après la médecine dialectique, et le cancer est un produit de l'excès de facteurs Yin. Même la mère de Pearl Buck le savait (voir le roman intitulé « La Mère », par Pearl Buck).

(18) « Le Prof. Nagayo a été nommé à l'unanimité le premier Président de l'Institut du Cancer du Japon. En juin, après deux mois, il est tombé malade, et il est mort le 16 août de la même année. Le Prof. Nishina, le plus célèbre scientiste, contracta également le cancer du foie et mourut en deux mois. Le cancer du foie est le plus redoutable ; on ne lui connaît aucun traitement pour le présent. »

Le Dr. Y. Tazaki, directeur de l'Hôpital National du Cancer est mort lui aussi du cancer. Le Dr. T. Tamiya, Président du Centre National du Cancer est mort lui aussi du cancer. Tout le monde connaît depuis longtemps que la poudre de foie est très efficace pour prévenir ou empêcher le cancer. Mais pas un seul spécialiste n'a recherché par quel mécanisme ! C'est un fait incroyable ! Est-ce la paresse, la négligence, l'incapacité ou le daltonisme scientifique ?

Les médecins qui monopolisent cette profession vitale pour toute l'humanité peuvent-ils continuer à demeurer si ignorants ? Ne ressentent-ils donc pas leur responsabilité, leur devoir de réfléchir et de pratiquer l'auto-critique ? Si la connaissance d'une telle irresponsabilité fût parvenue aux premiers Empereurs de la Chine, ils eussent ordonné de brûler ou d'enterrer vivants tous les médecins. Si le Président des Etats-Unis avait eu le jugement suprême dévoilé, il eût immédiatement promulgué une Déclaration d'Abolition de toute l'institution médicale et la dissolution de l'ordre des médecins au lieu d'endosser la Prohibition ou l'Alarme Nationale contre les cigarettes.

> (19) « *D'après le Dr F. R. White, la quantité d'azote dans les cellules cancéreuses ne diminue pas lorsque l'animal reçoit une alimentation dépourvue d'azote ou presque. Ceci signifie que les cellules cancéreuses prélèvent l'azote de l'animal pour se développer.* »

Il faut repenser plus sérieusement le problème des protéines après avoir lu un des trois volumes publiés par *Terroine* en 1933, et surtout le chapitre intitulé « l'azote disparaît-il ? ». Dans cette ouvrage, Terroine examine 51 traités publiés par divers auteurs. Un autre livre récent, intitulé « Transmutations Biologiques » par L. Kervran (1962) est de nature à bouleverser les notions de l'auteur du texte que nous examinons.

> (20) « *Le comportement des cellules cancéreuses ne dépend pas de leur approvisionnement en oxygène.* »

Parmi tant d'autres, ceci est un témoignage des plus intéressant qui confirme que le cancer est un emmagasinage de facteurs Yin en excès. Le cancer étant Yin ne nécessite pas d'oxygène Yin.

> (21) « *Aux Etats-Unis, il y a 220.000 personnes qui meurent du cancer annuellement. 70.000 personnes consultantes cancéreuses sont sauvées. La mortalité par le cancer diminuerait grande-*

> *ment si les institutions anti-cancéreuses étaient plus développées. »*

C'est un pieux espoir dans une hypothèse. Espérons-le.

Mais une fois qu'ils auront reconnu la vraie nature du cancer, il leur faudra bien abandonner toute cette hostilité contre lui. Ils seront obligés d'adopter une autre attitude envers lui. Sinon, ni la paix ni la liberté, ni le bonheur, ni la justice, ne règneront sur la terre.

Nous avons eu l'occasion d'examiner dans ce chapitre la mentalité hostile et exclusive de la médecine occidentale. Celle-ci veut anéantir tous les microbes, établir un monde purgé de tous les bacilles et de tous les virus. Elle imagine un monde sans aucun mal ni malfaiteur ! Ne peut-elle donc pas observer que le bien et le mal, ou le bienfaiteur et le malfaiteur, sont les deux faces également nécessaires de la même réalité unique, la vie universelle !

N.B. Toutes les lignes soulignées de (1) à (21) sont extraites du livre intitulé « Le Cancer » écrit par le Dr W. Nakahara, Président de l'Institut du Cancer du Japon et publié par l'éditeur Iwanami (1963, 11° édition.)

LE VIRUS

La science nucléaire a trouvé .
que la matière est la non-matière,
que l'énergie ne vient de nulle part.
Cette absurdité a désespéré le Prof. Bridgman.
Il s'est suicidé.
La médecine scientifique a trouvé enfin
Le Roi-Tueur de toute l'humanité
et ce Roi-Tueur est visible et invisible.
Il est physique et en même temps métaphysique.
Il est la vie et en même temps la mort.
Il existe et non-existe : le VIRUS
(Ou fantôme ou cauchemar de la médecine symptomatique)
Cette absurdité a absorbé des milliers de médecins désespérés
et continue encore d'en absorber...
Elle absorbera un jour la médecine toute entière.
L'humanité sans médecins ?
Mais non. Le Roi Virus fera tomber les écailles des yeux de l'homme
et cela lui permettra de comtempler
tous les horizons de l'univers infini qui est la vie éternelle.
L'homme devra au virus une nouvelle médecine fondamentale et divine,
omnisciente et omnipotente
et en même temps une nouvelle science qui s'occupera de la vie et de
l'homme
non pas d'une façon analytique dualiste, cartésienne, mais d'une façon
universelle, panoramique, paradoxale.

CHAPITRE VI

La Médecine dialectique
et pratique

Au-dessus des montagnes de nuages d'une blancheur vierge et brillante et qui sont noirâtres d'incertitude et de peur pour ceux qui les regardent par en dessous, je m'amuse à contempler la superbe vue panoramique de l'infini, hors du cadre de l'espace et du temps. Je me trouve assis confortablement sur un petit tapis volant oriental. Je peux voir : je vois l'Est et l'Ouest, le passé et le futur, au moyen de mon petit transistor-télévision de poche fabriqué il y a des millons et des millions d'années et appelé « Imagination ».

Les scènes qui se déroulent sur la terre sont très intéressantes. A l'Ouest, c'est la finale de « La Civilisation Scientifique et Technique » finale très animée et bouleversée, très compliquée et déchirée, aboutissant au pêle-mêle nucléaire. A l'Est, c'est l'entr'acte ; le rideau est tombé, les acteur qui doivent jouer « Le Dragon qui se réveille » dorment profondément ; ils sont très fatigués après avoir joué longuement « Lux ex Oriente » et « La colonisation ».

La scène prochaine sera « La Paix Universelle ». Tout le monde attend. Quand cela commencera-t-il ? Personne ne le sait. Regardons et écoutons le temps et l'espace, à travers notre petit transistor-télévision :

Il y a 5.000 ans, deux groupes indépendants de civilisation régnaient sur la terre. Le premier à l'Est, le deuxième à l'Ouest. Les deux civilisations antipodes étaient monistes, religieuses et travailleuses. La deuxième s'assombrit et fut submergée, il y a à peu près deux mille ans, par la violence d'une civilisation dualiste de la force, née au bord de la Méditerranée. Tout ce qui a un commencement a une fin. Cette troisième civilisation de la force importe un enseignement moral de la civilisation de l'Est, enseignement qui était très pacifique en apparence, et paraissait utile à faciliter le gouvernement d'un peuple ignorant, obéissant et travailleur, les deux extrémités s'attirent : la civilisation de la force physique éprouve le besoin de se compléter par une civilisation de la force morale.

Mais la civilisation de la force physique ayant compris le monde ancien, établi l'Empire de l'abondance et de l'abus. L'abondance et l'abus produisent la paresse et affaiblissent la force physique de la civilisation conquérante. De plus, l'enseignement moral, emprunté à la civilisation de l'Est rend le peuple plus doux, plus obéissant, moins protestant et en fin de compte esclave. La civilisation de la force physique s'assombrit et disparaît en laissant l'enseignement moral qui s'appelle Christianisme dominer à sa place. Pour un temps le monde est dominé par cette force morale mystifiée qui profite de l'influence de la force physique et politique de l'Empire disparu. Ce dualisme religieux importé n'a plus la force politique ni physique qui le soutenait. Il s'assombrit naturellement à son tour, laissant le monde dans les ténèbres.

Une nouvelle école dualiste de la force apparaît dans ces ténèbres. Elle grandit vite, balaie à travers beaucoup de difficultés et de sacrifices tout ce qui reste de l'enseignement religieux tombé par terre.

Cette nouvelle force dualiste s'appelle « Science et Technique ». Après avoir démoli complètement l'Empire chrétien, elle marche à pas de géant avec une vitesse formidable vers la domination du monde physique. Elle explore jusqu'au fond de la matière, jusqu'au monde nucléaire, pour consolider sa victoire sur un fond constant et pour toujours. Mais « tout commencement à sa fin » dans ce monde fini et relatif. La civilisation « Science et Technique » commence à être attaquée par son propre fils nommé l' « Argent ». Celui-ci vit en exploitant les fruits de sa mère « Science et Technique ». Il organise l'industrie et le commerce. Il établit des organisations, les rois féodaux réincarnés. Ces organisations font une alliance défensive et offensive pour monopoliser le prince « Argent ». La lutte nouvelle s'ouvre... Tout ce qui commence a sa fin... Le vainqueur devient le vaincu... Le nouveau lutteur monte sur la scène : le Travailleur ! Celui-ci veut maîtriser la civilisation tout entière, le monde entier.

Le dernier devient le premier. C'est le Travailleur qui dominera bientôt le monde. Mais chacun a son tour ! Ce dernier succombera assassiné par l'ennemi tout puissant : Maladie ! L'armée Maladie a ses généraux-tueurs invincibles : Cancer, Allergie, Maladies Cardiaques, etc., et des amiraux-tueurs Epilepsie, Schizophrénie, Folie... Personne ne peut se sauver. La folie est la plus redoutée. C'est elle qui pousse à fabriquer des engins meurtriers de plus en plus puissants. Elle a ses agents innombrables qu'elle envoie dans la cervelle de tous et réussit à assombrir le jugement suprême de chacun.

Le plus grand et le plus puissant engin meurtrier de l'Armée Maladie, c'est l'alimentation, par laquelle elle peut tuer immanquablement chaque individu, avec exactitude et précision, puisque l'individu réattrape toujours son hameçon invisible et favori, l'aveuglement sensuel du goût.

Cependant, la civilisation de l'Est est demeurée longtemps comme le guide de ces peuples ; ses propres peuples vivaient en paix, tranquillement et pieusement, obéissants, dociles, honnêtes et travailleurs. Mais la loi du commencement et de la fin règne sur tout. Le temps passe ; des siècles et des siècles. Ces peuples devinrent de plus en plus doux, toujours obéissant, jamais ne protestant, acceptant tout avec reconnaissance et joie à tel point que tous leurs pays furent colonisés par la civilisation de la force. Ils le furent volontairement ou involontairement. Les voilà, dès lors, mêlés avec les peuples de l'Ouest dans la lutte universelle dualiste : l'humanité contre la Maladie.

La civilisation scientifique et technique gouverne aujourd'hui le monde tout entier. Mais elle va succomber à son tour sous l'attaque générale de l'Armée Maladie. Sa médecine, étant sœur de la science et de la technique, est maîtrisée par l'Argent. Elle est dirigée de façon à ne pouvoir attaquer que des symptômes, les marques extérieures de l'occupation de la maladie. Elle ne sait pas comment attaquer la maladie elle-même. Si la médecine symptomatique ne se réforme pas, c'est la fin de la civilisation et de l'humanité.

Toute civilisation comme tout individu perdent le sens du bonheur et succombent quand ils sont devenus arrogants, exclusifs et dominateurs. Les dualistes sont gouvernés par la loi Commencement-Fin. Voilà pourquoi toutes ces civilisations dictatrices disparaissent l'une après l'autre.

Seulement ce qui est sans commencement, n'a pas de fin : l'ordre de l'univers infini, l'infini-absolu (qu'on a appelé Dieu dans l'antiquité), la justice absolue, la liberté infinie, le jugement suprême universel, l'amour qui embrasse tout sans aucune distinction, la grâce divine, la vie éternelle, etc. Tous ces noms appartiennent à une seule chose, la Vie. Celle-ci est l'ordre de l'univers infini qui anime et transmute tout perpétuellement dans ce monde fini et relatif. La Vie est unique, omnipotente, omnisciente et omniprésente. Tout ce qui est basé sur elle est éternel et omnipotent.

Malheureusement, la médecine qui appartient à la civilisation scientifique et technique n'est pas basée sur la Vie universelle et éternelle. C'est pourquoi elle ne peut pas lutter contre la maladie. Elle utilise pourtant n'importe quel engin destructeur : le Radium, les gaz de guerre, les rayons X, le Cobalt radioactif, les neutrons, etc. Tout lui est bon qui détruit bien. Elle ne sait pas encore que la maladie est la plus utile des sonnettes d'alarme dont la Vie nous ait fait présent.

La médecine de l'Est, dont le principe est la considération de cette Vie universelle, est tout à fait étrangère à la médecine de l'Ouest. Elle est dialectique, logique, fondamentale. Elle n'attaque pas des symptômes qui sont des résultats. Elle n'ignore pas, bien sûr, l'existence de centaines de remèdes symptomatiques, mais leur place est dans l'arrière-boutique. Sa méthode est fondamentale, alimentaire et éducative. La médecine de l'Est est avant tout une école philosophique où l'on apprend à vivre une vie longue, heureuse et amusante sans être dépendant de la médecine, et sans importuner les autres. La médecine est une partie de la philosophie. Cette philosophie-médecine ne connaît pas de maladie « incurables ». Je l'ai étudiée, pratiquée et enseignée depuis 50 ans, principalement au Japon. A mon soixantième anniversaire, j'ai quitté ce pays pour de bon, afin de rechercher s'il existe un pays où cette philosophie-médecine n'est ni applicable ni efficace. Je suis allé en Inde. J'y ai rencontré beaucoup de maladies inconnues au Japon : lèpre, leucoderma, maladie de Hodgkin, etc., toutes déclarées « incurables » par la médecine scientifique, mais guérissables par la nôtre.

Ensuite, je suis allé en Afrique Noire, à Lambaréné, pour rencontrer le Dr Schweitzer et l'aider, pour toujours si possible. Je ne savais pas alors qu'il n'est qu'un simple chirurgien, qu'il n'a étudié que la médecine la plus symptomatique afin de se faire recevoir en Afrique Noire comme un « sorcier »-médecin. Il n'a pas la moindre idée d'une philosophie moniste dialectique de la vie. Il tue des billions de microbes tous les jours. Il jette toute la saleté de sa salle d'opération dans la Rivière sacrée Ogooué. Il opère et ampute. On y entend sans cesse les cris des pauvres noirs. J'y ai passé bien des nuits sans dormir à cause des malades qui crient toute la nuit.

J'y ai commencé à enseigner comment guérir la maladie sans amputer, ni droguer, mais seulement par une alimentation simple et naturelle. L'épilepsie, la maladie de Hodgkin, la lèpre, les ulcères tropicaux, l'asthme, etc., toutes les atroces maladies tropicales sont guéries sans aucune difficulté. Les malades fréquentaient ma chambre de plus en plus. Je me déplaçai à la Mission Protestante de Dindendé, à 2 kilomètres en amont sur la Rivière Sacrée, où l'on m'a donné une vieille chaumière qui fut le domicile-clinique du Dr Schweitzer il y a 40 ans.

Les noirs me suivirent. De nouveaux arrivants vinrent de loin à travers la jungle sur de petites pirogues. Pour quelques-uns, c'était un voyage de deux cents kilomètres. Chaque matin, j'ouvrais les fenêtres et je voyais une foule dans la cour, des noires et des noirs, jeunes et vieux. Un matin, j'entendis dire qu'il n'y avait personne ce jour-là, à visiter l'hôpital du Grand Docteur, tous les malades étant venus me consulter...

Cela ne put pas continuer ainsi. Moi, j'étais seul avec ma femme. A l'hôpital, il y avait une quarantaine de personnes employées. J'ai arrêté mes consultations. Je l'ai déclaré. J'ai chassé tous les noirs.

Le lendemain, j'ouvre les fenêtres. Personne dans la cour. Je descends en vue de faire une promenade avec ma femme pour la première fois depuis quelques semaines. Tout d'un coup, nous voilà entourés par des noirs qui sortent de la jungle, de tous côtés. Il y avait un autre bataillon caché sous notre maison, y passant la nuit tranquillement... Il n'y avait rien à faire.

Un chef vient me voir... il me demande dès l'abord de rester parmi eux :

— Nous vous prions de rester parmi nous pour toujours. Nous vous bâtirons un hôpital pour vos facilités comme nous l'avons fait pour le Grand Docteur...

— Nous avons été beaucoup mieux portants il y a à peu près 35 ans. C'est après la venue du Grand Docteur que nous sommes devenus si faibles, si peu résistants contre les diverses maladies dont beaucoup nous étaient tout à fait inconnues auparavant. Il y a déjà trois tribus qui ont complètement disparu. Le Grand Docteur nous a apporté tant de nouvelles choses pêle-mêle dont certaines sont sûrement mauvaises : vins, lait condensé, médicaments, amputation. Une fois que nos amis sont hospitalisés, la moitié en sortent amputés, invalides pour toujours, l'autre moitié y reste, hospitalisée pour toute la vie en travaillant péniblement comme garçons, aide-infirmiers, cuisiniers, charpentiers, jardiniers... nous sommes devenus de pauvres esclaves à cause de la médecine. Mais vous n'employez aucun médicament, vous n'amputez pas, vous nous enseignez seulement quoi et comment manger pour nous guérir nous-mêmes.

— Restez parmi nous pour toujours, nous vous en prions...

Leur simplicité, enfantine mais sincère, nous a tellement touchés que même ma femme voulait bien rester parmi eux pour toujours.

Mais un triste événement est survenu qui nous a obligés à quitter ce peuple adorable. (Voir l'histoire dans l'annexe.)

En Afrique Noire, j'ai pu constater la multitude des fautes commises par la médecine symptomatique : maladies iatrogéniques, diagnostics erronés, mutilations inutiles, etc. Un exemple entre mille : les docteurs blancs déclarent : « Les noirs sont sexuellement très immoraux. Presque tous sont atteints de gonorrhée. » On leur applique à tous le traitement douloureux. On entend tous les jours les cris désespérés des noirs dans le petit village de Lambaréné. Mais en réalité il ne s'agit pas de véritables cas de gonorrhée. D'ailleurs, la société indigène étant très peu nombreuse, il n'y a guère de prostituées. Les indigènes ne sont pas particulièrement immoraux. Mais lorsqu'on mange beaucoup de fruits très riches en Vitamine C (tels les mangues, les avocats, etc.), il se produit une inflammation de l'urètre, et même souvent de la vessie, qui est tout à fait semblable à celle que produit la gonorrhée.

J'ai vu l'Enfer en action dans la jungle de l'Afrique Noire ; j'y ai constaté la différence entre les mentalités des blancs et des noirs, et aussi la mésentente fondamentale qui existe entre eux. La différence entre ces mentalités m'est apparue la même que celle qui existe entre l'Est et l'Ouest, entre la mentalité des blancs et celle des hommes de couleur. Cette différence est due à une différente conception du monde, à une différente philosophie. La philosophie des hommes de couleur a été solidement moniste pour plusieurs milliers d'années ; elle est maintenant plus ou moins démolie, déchirée et à moitié colonisée. D'autre part, la philosophie dualiste, qui prévaut chez les blancs depuis environ deux mille ans, est aujourd'hui à repenser entièrement ; depuis la découverte du monde nucléaire, il est apparu qu'il faut réviser tous les principes et toutes les lois que la science expérimentale pensait avoir définitivement établis. Aussi bien les blancs que les hommes de couleur se trouvent dans une impasse dont ils s'efforcent de leur mieux de se sauver en vain.

Voilà la raison qui me conduit à vous proposer de reconsidérer la philosophie-médecine de l'Extrême-Orient. On peut la tenir aujourd'hui pour disparue, chassée par la civilisation scientifique et technique : elle est presque complètement oubliée par les Orientaux ; elle est en fait inaccessible aux civilisés sans un guide compétent, ce qui est extrêmement difficile à trouver à présent.

La médecine-philosophie orientale garantit la liberté infinie, le bonheur éternel et la justice absolue. Au niveau physiologique et biologique ceux-ci s'expriment comme la santé. Au niveau de la vie familiale et sociale, ils s'expriment comme la paix. La pratique en est très simple : C'est un enseignement biologique et physiologique journalier. Si vous voulez la commencer, assez tard peut-être dans votre vie, il vous sera plus facile de commencer par l'étudier intellectuellement, c'est-à-dire par la comprendre conceptuellement tout d'abord. Commençons par la définition de la santé. D'après notre philosophie-médecine, la santé est caractérisée par les propriétés suivantes :

1. *Absence de fatigue* (comme un primitif qui court toute la journée après un animal, s'arrêtant seulement pour manger à cause de la faim, mais jamais pour cause de fatigue).

2. *Bon appétit* (l'appétit de celui qui a toujours faim, qui n'a jamais réalisé ce que représente le mot « gourmet », qui mange n'importe quel plat simple en éprouvant une grande gratitude).

3. *Bon sommeil* (comme celui qui, à volonté et en trois minutes, peut entrer en profond sommeil n'importe quand et n'importe où ; qui ne bouge pas pendant son sommeil ; qui n'a jamais de rêves ni à plus forte raison de cauchemars ; qui se réveille à l'heure qu'il s'est fixée avec une exactitude mécanique ; qui se lève et saute sur les affaires prévues comme le lion qui saute sur un lapin. Si l'on dort plus de six heures, c'est paresse, sinon maladie. 3 à 4 heures de sommeil sont tout à fait suffisantes quand on est bien portant. Dormir est une mauvaise habitude. « Si vous voulez dormir longuement, vous pourrez dormir autant que vous voudrez après votre mort ! ».

Ces trois conditions de la santé sont physiologiques. Si vous les avez, vous pouvez vous accorder cinq points pour chacune ; soit un total maximum de quinze points.

4. *Bonne mémoire* (ne rien « oublier ». Ceci est très important. C'est la condition fondamentale de notre existence et de notre bonheur. Sans mémoire, pas de jugement. Sans jugement, pas de personnalité. Vous ne pouvez pas vivre une vie heureuse et amusante si vous n'avez pas bonne mémoire).

5. *Ne jamais se fâcher* (Ne pas se fâcher d'être l'objet de n'importe quelle accusation méchante, infâme, de n'importe quelle attaque ou critique ridiculisante.)

6. *Jugement et action prompts.*

Les trois conditions précédentes sont mentales et psychologiques. Si vous remplissez ces conditions vous gagnez 10 points pour chacune, soit un total maximum de 30 points.

7. *Le sens de la justice* (Le critérium de votre jugement doit être la justice absolue. Si votre pays a une population de 100.000.000 d'humains et produit 100.000.000 de pommes par an, cela veut dire

qu'il convient d'en manger une par an. Si vous en mangez une par jour, vous empiétez sur les droits de 364 de vos compatriotes-voisins, soit par la force violente directe, soit par forme travestie dite « monnaie ». Selon cette vue de la justice, vous êtes alors un criminel.)

Si vous possédez ce sens de la justice, vous pouvez vous accorder 55 points. Si, ayant ajouté tous vos points, vous trouvez un total général de cent, votre santé est parfaite. Votre bonheur est éternel, votre liberté est infinie, votre justice est absolue.

Veuillez remarquer que vous ne pouvez vous accorder que 5 ou zéro pour les trois premières conditions, 10 ou zéro pour les trois conditions suivantes, et 55 ou zéro pour la dernière condition. La santé tout comme la liberté, l'honnêteté, le bonheur et la vérité suivent la loi de « Tout ou rien ».

Vous pouvez vous établir un tel état de santé en pratiquant la philosophie-médecine diététique que j'appelle « Macrobiotique » ; je l'ai étudiée et je la professe depuis cinquante ans. Quelques millions d'exemplaires de mes diverses publications sont vendus. Mais il est presque impossible d'en trouver un exemplaire d'occasion. Les lecteurs ne les vendent pas après avoir été débarrassés de leurs maladies. Ils les gardent comme souvenirs ou comme livres de référence pour le futur.

N'oubliez pas, je vous le répète encore une fois, que notre philosophie-médecine non seulement garantit la santé physique mais encore ouvre toute grande la porte du bonheur éternel, de la liberté infinie et de la justice absolue. Elle vous protège même contre les accidents puisque la santé parfaite dévoile votre jugement suprême, E.S.P. (extra-sensory perception) ou clairvoyance. Nous en avons beaucoup de témoignages, aussi bien au Japon, qu'en Europe, et aux Etats-Unis. Mais je ne vous donne pas de liste de témoignages, si vous demandez un témoignage ou un « signe » c'est que vous êtes celui qui voit, entend et ne comprend pas. Toutefois, je vous conseille de prati-

quer pendant seulement une ou deux semaines l'enseignement de cette philosophie ; ce délai vous suffira pour être
à même de comprendre, d'assimiler et de vérifier la valeur
de cette philosophie pratique.

Pour terminer, je vous rappelle qu'il y a au moins une
quinzaine d'écoles non-officiellement reconnues qui se
réclament de la philosophie orientale, au Japon seulement.

Il va de soi qu'il m'est impossible de vous présenter
dans le cadre de ce petit livre la philosophie-médecine
dialectique et pratique dans son intégralité. Je ne pré-
tends vous avoir donné ici qu'une lettre d'introduction ou
d'invitation pour un autre monde.

*En conclusion, qu'est-ce que la Médecine dialectique et
pratique ?*

C'est la médecine de la Justice. Le mot de Justice présente à mes yeux l'image du Palais de Justice que j'ai vue
dans tant de pays occidentaux : la maison carrée, froide,
rigide, sévère à l'extérieur, et sombre, glacée, méchante,
cruelle à l'intérieur. La justice orientale par contre est
joyeuse, familière, gentille et très aimable. Elle est un
autre nom de l'amour qui embrasse tout, l'amour divin.
La justice, c'est la mère de tout ce qui existe. En réalité, la
justice, c'est l'ordre de l'univers infini qui crée, anime,
transmute tout ce qui existe. C'est l'esprit de toute existence. C'est la quintessence de l'univers infini, *la Vie.*

Elle prépare tout pour nous. Elle nous donne tout, rien
n'y manque. Nous n'avons qu'a tout accepter avec la plus
grande gratitude, mauvais temps comme beau temps,
froid comme chaud, faim comme bonne table, difficulté
comme amusement, ennemi comme ami, malfaiteur comme
bienfaiteur. Aucune préférence n'est permise. Il ne faut
avoir de préférence pour rien. Mais si vous aviez des pré-
férences très fortes, vous n'avez qu'à choisir en cherchant
une bonne proportion de Yin et de Yang. L'équilibre entre
Yin et Yang est la vertu la plus précieuse dans notre vie.
L'éducation familiale, scolaire et sociale, culturelle, scientifique et technique en Orient est concentrée dans l'enseignement de la méthode par laquelle on reconnaît et établit

cet équilibre. Cette éducation commence à table, dès le premier jour de votre existence sur cette planète, c'est-à-dire 9 mois avant votre naissance ou même plus.

L'éducation orientale est fondamentale, biologique, physiologique et surtout embryologique. Vous pouvez imaginer que la santé qui s'établit d'après telle éducation est inébranlable, que la famille que forment ceux qui ont une telle santé est très heureuse, que la société que forment de telles familles est très solide et que la paix mondiale ne peut être établie que par de telles sociétés. Voilà la théorie fondamentale de la sociologie et les principes du gouvernement de l'Est.

Mais la civilisation féminine de l'Est fut envahie et colonisée par la civilisation masculine de l'Ouest, on doit commencer l'exhumation de la méthode ancienne, d'éducation embryologique, biologique et physiologique, des grands livres et des canons des sages, tels : Vedas, Charak Samhita, Tao-te-king, I-king Somon-Reisou, Manou (très biologique et physiologique), etc.

Quelle est la mentalité d'un peuple formé par une telle éducation ? C'est celle que Levy-Bruhl a baptisée « la Mentalité Primitive » dans ses gros livres monumentaux. Il y a quarante ans que j'ai lu ces gros livres. La lecture en était tellement intéressante que je n'ai pas pu m'empêcher de visiter ce grand maître français de la philosophie. J'y ai découvert notre mentalité traditionnelle, vue comme une mentalité « Primitive » tout à fait incompréhensible pour les civilisés.

La disposition des non-civilisés, sous-développés, colorés, colonisés ou des primitifs produits par cette éducation philosophique, dialectique paradoxale et pratique est agréable : Accepter tout docilement et avec une gratitude profonde, sans aucune protestation. C'était la modestie, l'humiliation sans condition, le « moi » reconnu comme le plus petit, le plus misérable, le plus ignorant, le plus criminel, le plus avare. Sans cette compréhension du « moi » actuel, il n'y aura jamais la réalisation du « moi » idéal. Les civilisés que j'ai rencontrés avaient l'air tout à l'opposé à très peu d'exceptions près. C'est-à-dire qu'ils se croyaient les plus sages, les plus honnêtes, les plus forts, les plus grands.

Sous ce climat d'obéissance sans condition, d'humiliation infinie, il n'y eut aucune révolution au Japon. Et c'est pourquoi la Réforme de 1868 fut réalisée sans effusion de sang.

Accepter tout avec la plus grande gratitude, c'est avoir toute confiance dans la Justice, créatrice de cet univers infini. La Justice absolue qui a tout préparé pour nous depuis toujours et pour toujours ne nous donne pas les maladies pour nous tourmenter, mais pour nous avertir des fautes que nous avons commises sans le savoir ; c'est notre crime.

Il y a beaucoup de ressemblance entre la mentalité primitive des Japonais et la mentalité chrétienne, mais celle-ci est dualiste, tandis que celle-là est moniste. La personnification du jugement suprême comme Dieu, ce qui était très utile et même obligatoire à cette époque où l'intelligence n'était pas encore tout à fait réveillée, est à l'origine du dualisme. Le monisme d'Extrême-Orient a nommé ce jugement suprême « mu » ou « kuh » qui signifie « invisible » ou « intangible ». On n'a pas osé employer les mots savants : tels quintessence, absolu, etc. C'est beaucoup plus logique et raisonnable. Malheureusement, ces mots étaient très difficiles à saisir pour la masse.

Il est dit dans la Bible :

Celui qui distingue entre les jours agit ainsi pour le Seigneur. Celui qui mange, c'est pour le Seigneur qu'il mange, car il rend grâce à Dieu ; celui qui ne mange pas, c'est pour le Seigneur qu'il ne mange pas, et il rend grâce à Dieu. (Romains, 14-6)
Tout ce qui n'est pas le produit d'une · conviction est péché. (Romains, 14-23)

Ces deux citations montrent l'importance et l'identité de la gratitude et de la foi. La gratitude est la joie profonde, la gratitude ne se produit pas sans foi, laquelle est la confiance la plus profonde, et la confiance la plus profonde n'est autre que celle que l'on peut avoir dans le jugement suprême. Le comportement de quiconque n'a pas confiance ou souçonne sans fondement, par imagination ou ignorance, est violation de l'ordre de l'univers infini, c'est l'origine de tout malheur.

Il est dit aussi dans la Bible :

Mais si vous ne pardonnez pas leur péchés, votre Père ne vous pardonnera pas vos péchés. (Matthieu, 6-15)

C'est par cette mentalité que les colorés ont perdu la Sibérie, Java, l'Australie, la Nouvelle-Zélande, l'Amérique du Nord, le Brésil, le Mexique, le Pérou, Bornéo et le grand continent d'Afrique... colonisés totalement par les Blancs.

Tous les colorés comme les Hindous observaient les paroles suivantes :

Ne jugez pas, afin que vous ne soyez pas jugé. (Matthieu, 7-1)

Comment peut-tu dire à ton frère : « Laisse-moi ôter une paille dans ton œil », toi qui a une poutre dans le tien ? (Matthieu, 7-4)

Aimez vos ennemis et priez pour ceux qui vous persécutent. (Matthieu, 6-44)

Je vous dis de ne pas résister aux méchants. Si quelqu'un te frappe sur la joue droite, présente-lui aussi l'autre. (Matthieu, 5-34)

Si quelqu'un veut plaider contre toi, et prendre ta tunique, laisse-lui encore ton manteau. (Matthieu, 5-40)

Donne à celui qui te demande, et ne te détourne pas de celui qui veut emprunter de toi. (Matthieu, 5-40)

Et ils ont perdu leurs propres pays. Ils ont été si fidèles à cet enseignement ! Pourtant, mes chers amis civilisés, je vous le conseille : Imitez ces colorés « primitifs », cédez gracieusement votre maison ou votre pays. Vous ne perdrez rien. Si des « civilisés » viennent de Mars et s'ils vous demandent votre planète, donnez-la gracieusement. Vous ne perdrez rien. Ils ne peuvent pas transporter la Terre. Ne résistez pas à celui qui est méchant, comme Gandhi a résisté avec la violence dite « Non-violence » (en réalité il a mobilisé la masse immense et l'a organisée) ou « Ahinmsa ». Il a réussi et il a chassé les Anglais. Mais il est mort désespéré puisque son cher pays, libéré par lui par le sacrifice de toute sa vie, à travers tant de difficultés, est tombé dans des misères plus atroces qu'avant la libération. Les Chinois sont beaucoup plus sages. Ils ont toute confiance dans la parole qui dit : Attendons, attendons une centaine d'années, la Rivière Jaune deviendra un jour limpide ». Ou « Attendons une vingtaine d'années, les Japonais disparaîtront, laissant tous ces beaux bâtiments ». Et les Japonais ont disparu, au bout d'une dizaine d'années laissant tout.

Donnez, donnez tout, puisque tout ce que vous avez vous a été donné gracieusement. Même votre vie. Et vous ne pourrez jamais emporter tout ce que vous avez gagné sur cette petite planète quand vous vous en irez dans le dernier déménagement qui viendra tôt ou tard, à n'importe quel moment, même demain ou cette nuit, qui sait ?

Vous devez donner tout. A plus forte raison, ne pouvez-vous rien demander.

Gardez-vous de pratiquer votre piété devant les hommes pour être vus ; autrement, vous n'aurez point de recompense auprès de votre père qui est dans les cieux. *(Matthieu, 6-1)*

Si vous donnez pour être vu et applaudi ou respecté, c'est un commerce. Vous donnez et vous recevez. Vous êtes un simple commerçant.

Lors donc que tu fais l'aumône, ne sonne pas de la trompette devant toi, comme font les hypocrites dans les synagogues et dans les rues, afin d'être glorifié par les hommes. Je vous le dis en vérité ils reçoivent leur récompense. *(Matthieu, 6-2)*

Mais quand tu fais l'aumône, que ta main gauche ne sache pas ce que fait ta droite. *(Matthieu, 6-3)*

...afin que ton aumône se fasse en secret ; et ton père, qui voit dans le secret, te le rendra. *(Matthieu, 6-4)*

Lorsque vous priez, ne soyez pas comme les hypocrites, qui aiment à prier debout dans les synagogues et aux coins des rues pour être vus des hommes. Je vous le dis en vérité, ils reçoivent leur récompense. *(Matthieu, 6-5)*

En priant, ne multipliez pas de vaines paroles, comme les païens qui s'imaginent qu'à force de paroles ils seront exaucés. *(Matthieu, 6-7)*

Ne leur ressemblez pas ; car votre Père sait de quoi vous avez besoin, avant que vous le lui demandiez. *(Matthieu, 6-8)*

Voilà comment vous devez prier :

Magnifique est votre nom.

Nous sommes en vous

Tout se réalise comme vous voulez

Sur la terre, comme il en est dans l'univers.

Vous nous donnez le pain quotidien.

Vous nous donnez tout gracieusement,

Nous devons donner tout gracieusement.

Donnez-nous plus de tentations,

Et jetez-nous dans les mains des méchants.

Voilà notre prière quotidienne. C'est un peu différent de la prière de la Bible. Mais c'est votre véritable prière re-rédigée par mes amis occidentaux dans le camp d'étude français l'an dernier. Dans la Bible, il est tant de paroles contradictoires. Elles ont été transformées probablement à travers les siècles par des Gentils occidentaux.

En réalité, la prière des étudiants de la philosophie dialectique paradoxale est de contempler l'ordre de l'univers infini, Yin Yang à tous les niveaux de la vie quotidienne avec la gratitude la plus grande. Cest la contemplation de la joie la plus grande. Nous devons admirer la grandiose constitution de l'univers infini que nous aimons comme si c'était l'amour le plus grandiose ou comme si c'était la fontaine de la vie qui est mille fois plus précieuse que le fameux diamant gros et grand comme notre planète. (Matthieu, 16-16)

Si nous demandons la santé, le jugement dévoilé, la liberté, etc., c'est dire que nous ne savons rien de l'ordre de l'univers infini. (Matthieu, 7-11)

Notre affaire sur cette planète où nous restons quelques petits instants, c'est de jouir et de nous amuser de tout ce qui est donné, une chose après l'autre. Si le problème le plus difficile est donné, nous devons nous en amuser comme le petit chat qui a rencontré pour la première fois de sa vie un gros rat ou un chien méchant. On n'a qu'à lutter désespérément. C'est la joie de vivre.

Nous sommes élèves de l'école de la philosophie paradoxale qui n'enseigne rien d'autre que deux mots : Yin et Yang. C'est le vent qui feuillette le livre. On n'a qu'à laisser le papier blanc sur la table sans un mot d'écrit. On n'a pas besoin de gagner sa vie. Tout est gratuit. Laissez le professeur crier. Il n'est qu'un simple phonographe. Il ne connaît rien. Laissez le prêtre et le bronze prier toute la journée. Ils ne connaissent pas ce qu'est la vie, ce qu'est l'ordre de l'univers. Laissez le docteur auprès du moribond, il en est le tortionnaire et le bourreau. N'écoutez pas le juge, il ne connaît pas du tout ce qu'est la justice absolue. Ne mangez jamais dans les restaurants où l'on sert des poissons en cinq couleurs pour vous tuer, au lieu de vivre la vie qui est amusante. Notre école, c'est la plus grande école buissonnière qui soit, l'univers infini où nous devons apprendre une seule chose : comment jouir de la liberté infinie, du bonheur éternel, comment et où trouver la Lampe Merveilleuse d'Aladin et le Tapis Volant.

Nous devons créer. Créer la joie, le bonheur, la liberté, puisque nous sommes héritiers de l'ordre de l'univers infini, la Vie qui est la plus grande et la plus parfaite des écoles buissonnières. Nous ne devons jamais tuer même un microbe. Nous devons donner la vie, la santé et l'ordre. La vie est belle. Nous ne devons rien considérer comme ennemi, le cancer, les maladies allergiques, les maladies cardiaques, les maladies mentales, le criminel, l'enfant délinquant, les dirigeants qui fabriquent la guerre... Tous sont les jouets-problèmes ou les « devoirs » amusants que notre seul directeur instituteur « invisible » ou « absent », l'Infini, nous donne, les uns après les autres pour nous amuser et nous fortifier, et dévoiler notre jugement suprême.

Pourquoi les civilisés considèrent-ils ces jouets comme des ennemis jurés ? Pourquoi sont-ils si exclusifs ?

La nuit avance. Un vieillard jaune médite, ici, tout seul, dans une chambre de bambou et de papier. Il voit tous ses amis civilisés qu'il aime tant dans son imagination et il pense : Pourquoi se disputent-ils si violemment ? Pourquoi cette montée de la civilisation scientifique et technique produit-elle tant de peur et d'incertitude ?

A Tokyo, il y a un médecin qui s'appelle S. Aima. Il a 60 ans. Il a étudié la médecine symptomatique à l'université Keio de Tokyo. Il l'a pratiquée jusqu'à l'âge de 47 ans, soit comme médecin soit comme directeur d'hôpital. Mais il l'a abandonnée complètement et il a commencé à étudier le christianisme dans une école protestante. Il sortit de cette école à l'âge de 50 ans. Depuis, il soigne et guérit les malades comme pasteur. Il guérit toutes les maladies en enseignant la médecine de Jésus, la médecine d'amour. Il a publié plusieurs livres dont « La clef de la Guérison

Miraculeuse » qui se vend beaucoup. Il organise des lectures un peu partout dans ce pays. Il y a des centaines de milliers de personnes qui le suivent.

Il explique le mécanisme de la guérison miraculeuse en empruntant la théorie de Sélyé et de Reilly. Ces deux docteurs sont les plus grands parmi les civilisés, je crois, après Claude Bernard. Surtout le Prof. Reilly, de Paris, est comparable dans la médecine expérimentale à Claude Bernard, tout au moins au point de vue technique.

La théorie révolutionaire de Sélyé :

En 1882, Koch a découvert le bacille de la tuberculose. Depuis lors, on a découvert bien des bacilles spécifiques coupables de différentes maladies. Cette tendance est devenue une mode officielle. En réalité, on n'a pas découvert tous les microbes coupables de toutes les maladies. Le nombre des microbes accusés est relativement petit. De plus, le mécanisme par lequel ils produisent divers symptômes particuliers est encore tout à fait inconnu. Surtout l'origine de ces microbes n'est pas encore trouvée. En outre, l'immunité contre de tels microbes est tout à fait incompréhensible. La pathologie bactériologique moderne qui est reconnue généralement n'a pas de fond solide.

Les professeurs doivent déclarer, après Claude Bernard : « La médecine que j'ai le devoir de vous enseigner n'existe pas » s'ils ont quelque peu de conscience.

D'après la théorie de Sélyé, l'on ne tombe jamais malade si l'inter-brain (cerveau intermédiaire qui est le centre de la sensibilité) est solide, bien portant et résistant contre tous les « stress ». Si c'est vrai, celui qui a la paix psychique permanente grâce à une religion ou un enseignement moral pourra résister contre tous les « stress » et ne tombera jamais malade ou pourra réparer n'importe quelle partie du corps endommagée. Le Dr Aimia s'efforce donc d'établir la paix morale des malades d'après la Bible. Il guérit tout, non seulement la maladie physique mais tous les problèmes difficiles de la vie quotidienne, famille, etc...

La théorie de Sélyé est observée en Extrême-Orient

puisque la même théorie existe depuis toujours. Le mot maladie en japonais ou chinois désigne « la sensibilité consciente déséquilibrée ». Le Dr Sélyé est donc dans le vrai jusque là et tout à fait d'accord avec la médecine dialectique, théoriquement. Mais il insiste, en tant que médecin symptomatique, sur l'application d'une hormone rénale pour rétablir la paix mentale du malade. Voilà la limite de la médecine symptomatique de la civilisation scientifique et technique qui est analytique, atomiste, mécanique et destructive. Le Dr Sélyé n'a pas cherché comment faire fonctionner le mécanisme des reins pour qu'ils produisent suffisamment d'hormones sous n'importe quelle condition. Il n'a même pas cherché pourquoi ce mécanisme fonctionnait mal. Il est symptomatique. La médecine dialectique a trouvé pourquoi ce mécanisme tombe malade et comment le rétablir, il y a des milliers d'années : l'alimentation macrobiotique qui garantit la longévité et la jeunesse permanente pour tout le monde.

La théorie du Prof. Reilly :

Je connais seulement quatre grands savants biologiques et physiologiques en Occident : Claude Bernard, le Prof. R. Quinton, qui a consacré toute sa vie à des recherches sur l'eau de mer, et auteur de la théorie qui fait venir de la mer tous les êtres vivants. L. Kervran, l'auteur de « Transmutations Biologiques » et le Prof. Reilly. Ils ne sont pas de simples scientistes techniciens, dualistes, comme Aschoff, Pasteur, Mme Curie, mais théoriciens très monistes. Ils tournent le dos à la science matérialiste, technicienne et dualiste. Ils cherchent quelque chose de plus profond, quelque chose de fondamental tout au moins au commencement. Malheureusement, ils se retournent vers le dualisme à la fin. Ayant la nationalité cartésienne, c'est leur destin, probablement.

Le 5 mai 1954, Reilly a publié les résultats de ses longues recherches : « *Phénomènes de Reilly* » à la Société Biologique de France.

Il a démontré :

1) Qu'il n'y a pas de microbe spécifique pour l'une ou l'autre maladie.

2) Que le microbe peut n'être qu'un facteur qui excite mécaniquement le système nerveux ortho-sympathique.

3) On peut produire des symptômes de tuberculose, dyphtérie, typhus, etc., par n'importe quel microbe, par une pincette ou par une aiguille électrique en excitant un certain point de l'ortho-sympathique.

Cet exposé bouleverse le fond de la pathologie et de la bactériologie, plus brutalement que la théorie de Sélyé.

En plus Reilly a trouvé :

4) Que l'on peut immuniser l'homme contre toute maladie produite par des microbes en paralysant ou détruisant le système ortho-sympathique, soit mécaniquement, soit par un médicament tel que le chlore-promazin.

5) Que ce qui est le plus important c'est la santé ou l'équilibre parfait du système sympathique ; que lorsque ce dernier est en état très sensible, nous sommes à la merci de tous les microbes.

N'est-ce pas magnifique la théorie de Reilly ? Elle confirme que la maladie ne vient pas de l'extérieur mais de l'intérieur. Nous sommes coupables de notre maladie, ce ne sont pas les microbes.

Jusqu'ici, Reilly est dans le vrai, c'est juste. Malheureusement, ensuite il se trompe.

En 1883, Koch a fait sensation en disant qu'il avait découvert le bacille du choléra.

Dans une séance de démonstration-discussion, Pettenkofer et un de ses disciples ont avalé un verre de bacilles de choléra pour démontrer que la théorie de Koch était fausse. Pettenkofer a survécu, mais pas son disciple. Pourquoi ? Parce que le grand hygiéniste avait, au contraire de son disciple, une constitution très Yang, solide, y compris le système sympathique. Le disciple avait peur, ce qui surexcite le système sympathique. L'inter-brain de Pettenkofer était en bonne santé. Il n'avait pas reçu de « stress ».

On a bien compris que si l'inter-brain et le système sympathique sont en bonne santé, on peut résister à tout, il n'y a ni invasion microbienne ni stress.

Comment peut-on avoir le système sympathique et l'inter-brain solides ? C'est la faim et la soif, les difficultés, les travaux pénibles, le chaud, le froid, qui seuls peuvent consolider ces systèmes. Ils doivent être exercés depuis la plus petite enfance, même à partir de l'époque embryologique comme l'enseignement de la philosophie d'Extrême-Orient l'exige. Tous les grands personnages sont nés de mères travailleuses, honnêtes, qui avaient traversé beaucoup de difficultés, surtout pendant la grossesse.

La médecine symptomatique se rapproche de la médecine dialectique philosophique.

Les recherches de Reilly sont les plus avancées. Il a trouvé que les poisons métalliques (soufre, arsenic, nickel, plomb, cobalt, nicotine, etc.), ne peuvent rien affecter si le système sympathique a été préalablement traité avec le chloropromazin.

Mais cette théorie de Reilly était connue il y a des milliers d'années en Orient ou dans la civilisation dialectique. Même dans l'enseignement très éloigné du centre de la civilisation, à l'extrémité de l'Ouest, on le savait :

Voici les miracles qui accompagneront ceux qui auront cru : en mon nom, ils chasseront les démons ; ils parleront de nouvelles langues ; ils saisiront les serpents ; s'ils boivent quelque breuvage mortel, il ne leur fera point de mal ; ils imposeront les mains aux malades, et les malades seront guéris.   (Marc 16-17-18)

Mais, c'est grand dommage, Reilly, comme Sélyé, étant citoyen du monde cartésien, tourne le dos ici. Il retourne à la médecine symptomatique. Il dit que pour s'immuniser l'on doit employer le chloropromazin qui paralyse le système sympathique, au lieu de dire que l'on n'a qu'à chercher les moyens de fortifier le système sympathique, comme font les animaux sauvages. Regardez le crocodile qui vit si joyeusement dans la rivière sale, pleine de bacilles et de virus dans l'Afrique Noire. Il n'a pas de « stress ». Il mourrut beaucoup moins de soldats blessés dans les tranchées misérables pendant la première guerre mondiale où il n'y avait pas d'antibiotiques, ni même assez de médicaments, que dans les hôpitaux modernes aux Etats-Unis ou au Canada, avec tout ce qui est nécessaire, y compris les antibiotiques. C'est l'abondance et l'abus d'antibiotiques qui tue.

CHAPITRE VII

La constance de l'inconstance

(Transmutations constantes et éternelles)

Tout est inconstant dans ce monde relatif,
Mais cette inconstance est seule constante pour toujours.
C'est pourquoi la vie est si intéressante, si amusante.
La constance de l'inconstance.
Quelle grande découverte.
En comparaison,
Toutes les autres découvertes de l'homme ne sont rien,
La découverte de l'Amérique,
La découverte d'Uranus, ou de Pluton,
Celle du Radium ou du Plutonium,
A plus forte raison la découverte de la loi hypothétique de l'attraction
                                                                    universelle
ou encore $E = mc^2$,
Tout n'est qu'une image de l'inconstance éternelle.
La loi de la conservation de la masse ou de l'énergie,
L'entropie......
Toutes sont des « idoles » dualistes.
Rien n'est constant dans cemonde fini.
Mais on cherche la constance dans ce monde inconstant.
Voilà l'origine de toutes les tragi-comédies humaines, de tous les malheurs.
Pourquoi ne voit-on pas la constance éternelle de l'inconstance
        qui saute aux yeux ?
Pourquoi ne voit-on pas le principe unique Yin-Yang qui gouverne toute
inconstance ?
Le principe unique, Yin-Yang, est la clef du royaume des sept cieux
        dont les six premiers sont les colonies de l'inconstance
        et le septième la constance elle-même infinie et éternelle.
Si l'on sait la constitution de ces sept cieux,
Et si l'on a la clef Yin-Yang qui s'appelle aussi la Justice,
Rien n'est impossible dans ce monde relatif et fini.

Je voudrais vous expliquer qu'il y a mille et une méthodes pour guérir le cancer, les maladies allergiques, cardiaques, mentales, etc. En réalité, la méthode de guérison est personnelle, par conséquent il y a des méthodes innombrables. C'est l'immunité, c'est la vie elle-même.

Mais il y a deux catégories de guérison : méthode symptomatique et méthode fondamentale. Celle-ci est efficace une fois pour toutes, pour toujours, tandis que celle-là est efficace palliativement et difficilement. La méthode fondamentale est unique pour toutes les maladies, mais son application est personnelle, elle a donc d'innombrables nuances et degrés.

L'homme s'efforce de son mieux, mais en vain, de trouver une méthode de guérison symptomatique du cancer. On en peut trouver des milliers. Mais elles sont toutes palliatives et symptomatiques. Elles ne sont pas fondamentales. A la fin, on sera bien obligé d'adopter la méthode fondamentale.

Je voudrais vous expliquer deux choses très importantes :
1) Que l'on peut guérir les maladies dites « incurables » ou « chroniques » une fois pour toutes en appliquant la philosophie-médecine plusieurs fois millénaire soit comme enseignement moral soit comme diététique dialectique,
2) Que vous devez étudier la philosophie dialectique et pratique avant tout pour bien comprendre son application curative et médicale, morale ou diététique. Cette philosophie est intéressante et utile au plus haut point : ce n'est qu'un art de penser, et de juger toutes les idées, toute activité ou action et toute technicité, avec elle on peut transformer tout malheur en bonheur, toute difficulté en joie, toute tristesse en gratitude, tout mal en bien, la pauvreté en richesse, la maladie en santé, la laideur en beauté, l'ignorance en sagesse, la faiblesse en force, et tout cela de plus en plus : le plus grand malheur devient le plus grand bonheur.

Ai-je réussi sur ces deux points ? Avez-vous compris le premier ? Vous n'avez qu'à vérifier sur le champ si vous en doutez.

Vous pourrez accepter conceptuellement ma deuxième proposition aussi. Mais je ne compte pas sur vous. C'est un peu trop difficile pour vous, mes chers amis civilisés. Je dis cela après avoir tant essayé parmi vous depuis des années. Et cela, d'autant plus que vous êtes plus éduqués : c'est là la plus grande difficulté ! Mais je serai content pour le moment si une poignée de personnes, en chaque pays, s'intéresse à ces études.

C'est difficile, cette philosophie dialectique paradoxale. C'est une autre conception du monde que la vôtre. Pourquoi est-ce si difficile ? Parce que c'est trop simple. Il n'y a que deux concepts antagonistes, Yin et Yang. C'est tout. Mais vous devez appliquer ce principe unique polarisable à chaque pas de votre vie quotidienne. Et vous trouverez cela très embarrassant, mais en même temps c'est extrêmement intéressant.

Depuis la révolution scientifique du 17e siècle, la science occidentale a progressé à pas de géant en démolissant l'autorité aristotélicienne-chrétienne : Francis Bacon violemment attaque les quatre Idoles. puis la science expérimentale est fondée, le positivisme..., la théorie de Copernic bouleverse la conception classique du monde. Viennent le mécanisme, la médecine expérimentale... le pragmatisme qui exige observation, description, expérimentation, précision et exactitude objectives. La science se ramifie : spécialités, experts... Enfin, c'est la mort de la conception atomique, les transmutations, la cybernétique, les spoutniks, la fabrication de 95.000 bombes à hydrogène... l'incertitude et la peur qui règnent... Où va-t-elle notre civilisation scientifique et technique ?

Voilà l'inconstance de notre monde fini et relatif.

Bientôt nous verrons une catastrophe, la fin de toute l'humanité ou la naissance d'un monde tout à fait nouveau, l'ère de l'homme après l'ère animale. Tous les changements ci-dessus étaient matérialistes, sensoriels, sentimentaux, physiques, chimiques, intellectuels, économiques, techniques, mais pas du tout humains. Maintenant c'est la fin de la série des changements scientifiques et techniques et le commencement d'une autre série de changements dont on a tout ignoré jusqu'ici. Cela sera le développement du jugement de l'homme lui-même.

Tout notre comportement dépend de notre jugement, le mal ou le bien, la folie ou l'intelligence, la guerre ou la paix... le bonheur ou le malheur enfin. Mais il y a sept étapes de jugement : jugement aveugle ou mécanique, sensoriel, sentimental, intellectuel, social, idéologique et le jugement suprême. Le jugement qui est à l'origine principale de la civilisation scientifique et technique appartient à la première ou deuxième étape : jugement mécanique ou sensoriel. Nous devons écouter maintenant un jugement un peu plus élevé.

La révolution physique, économique et technique est grandement avancée. Nous avons marché à une vitesse formidable. Pourquoi pas aussi dans cette nouvelle orientation, morale, philosophique ou théorique ? Mais comment ?

Voilà la question la plus importante.

Adoptons un compas, Yin-Yang. Cette dialectique pratique qui est la logique universelle suffit. Ne confondez pas cet instrument, si simple que n'importe qui peut le fabriquer et l'employer facilement, avec l'autorité aristotélicienne ou biblique déifiée.

La civilisation scientifique et technique qui va succomber changera son orientation une fois munie de ce compas, Yin-Yang, et réalisera très probablement une révolution sans précédent, mille fois plus bouleversante — car fondamentale — que celle provoquée par la théorie copernicienne. La science et la technique d'aujourd'hui sont dualistes et appartiennent au système de Ptolémée. Elles sont exclusives, physiques et chimiques. Elles sont étrangères à la vie, à la mémoire, au mécanisme de la pensée, de l'esprit, de l'univers, de l'infini, de l'absolu même, de la matière, de l'électricité et du magnétisme, du bonheur éternel, de la justice absolue... Elles sont aveuglées totalement par des murs nucléaires.

La science et la technique avançaient comme l'expédition de Cook, Drake ou Christophe Colomb, naviguant par tâtonnements sans savoir la géographie. Le savoir qui est nécessaire pour redresser la civilisation scientifique et technique, c'est la mentalité de l'homme dont le jugement suprême est le compas indispensable à la navigation vers un nouveau monde.

Mais n'ayez pas peur s'il n'y en a que peu qui vous écoutent et qui vous suivent. Les sept étapes du jugement montrent et expliquent pourquoi. Plus bas est le jugement, plus nombreux sont ceux qui y appartiennent.

Plus grande la face, plus grand le dos.

Si le cancer est la maladie la plus « incurable », c'est la plus guérissable, c'est la plus facile à vaincre si vous cherchez son origine, qui n'est que vous-même, l'homme. En cherchant son origine vous trouverez comment vous l'avez produit. Si vous trouvez cela, vous changerez l'orientation de votre civilisation qui va en s'assombrissant. Et vous pouvez la sauvez avant qu'il soit trop tard. Dans ce sens, le cancer est notre sauveur :

« Qui aime bien châtie bien. »

« Œil pour œil » et « Dix mille grains pour un grain »

« Œil pour œil, dent pour dent » procède de la mentalité enfantine et sauvage qui se trouve au fond de la médecine symptomatique. C'est une mentalité pleine d'hostilité, d'imprécations. L'enfer, c'est un autre nom de cette mentalité.

Mais la philosophie et la biologie d'Extrême-Orient disent : « Dix mille grains pour un grain ». Un grain rend dix mille grains. C'est la loi fondamentale de la biologie. Le grain se tue pour rendre dix mille grains. Si l'on vous rend un service de dix minutes, rendez dix mille minutes de service. C'est l'expression de la joie profonde. Si votre bienfaiteur n'est plus, rendez le à ses pareils. Si l'on vous arrache un œil, retirez-vous et cherchez la cause d'une telle cruauté. Si c'est la faute de votre ennemi, de son incompréhension, cherchez comment le sauver par une démarche gracieuse. Si vous ne pouvez pas le convaincre gracieusement, c'est votre faute. Après avoir transformé votre malfaiteur en bienfaiteur, cherchez dix mille personnes semblables, pour les transformer. Ceci n'a d'application que dans la société humaine. Dans la nature, c'est toujours vous qui avez tort. C'est toujours votre faute. Si vous êtes tombé malade d'un cancer, d'une allergie, ou de n'importe quelle maladie, cherchez avant tout la cause, laquelle est toujours votre faute. Cherchez la cause de la « Maladie » en général, qui est toujours dans le comportement du sujet. Enseignez à dix mille personnes ce que vous avez trouvé à propos de la maladie.

« Dix mille grains pour un grain » est l'expression de la mentalité profonde pleine de gratitude infinie. C'est la joie infinie. La paix est là.

« Ne résiste pas, même contre le méchant. Si quelqu'un te frappe à la joue droite, présente-lui la joue gauche. » C'est beau à dire mais difficile à pratiquer à cause de notre bas jugement, sensoriel ou sentimental. Notre philosophie nous enseigne « Si quelqu'un veut te frapper ou te tuer, c'est ta faute, puisque c'est toi qui l'as mis en colère. Pas de discussion, ni de protestation, c'est inutile. Demande-lui infiniment pardon et retire-toi car ta présence l'irritera davantage. Tu t'efforceras de trouver comment te conduire afin qu'il t'aime, qu'il te comprenne, qu'il t'apprécie et qu'il te remercie infiniment de tout son cœur. S'il t'aime infiniment, il acceptera tout ce que tu dis et il te donnera tout ce qu'il a au lieu de te frapper ou te tuer. Tout dépend de la démarche gracieuse. Tu dois apprendre comment « convaincre sans parler » et « comment vaincre sans lutter ».

Notre philosophie enseigne aussi qu'il n'est aucun ennemi ou malfaiteur dans ce monde, y compris la nature et la société humaine, il y a seulement malentente, incompréhension ou démarche inélégante.

Voilà mon interprétation de la parole suivante : « Aime tes ennemis et prie pour ceux qui te persécutent ».

L'interprétation biologique et physiologique de cette mentalité est la médecine orientale. Mais il me semble que la médecine symptomatique des civilisés est le contraire, elle est celle de l'hostilité, de l'imprécation, l'hostilité qui considère la maladie comme l'ennemi juré.

L'hostilité, c'est l'Enfer. Si vous tuez votre ennemi juré, vous perdrez en même temps votre raison d'être. C'est vous suicider. Vous ne demeurez plus vainqueur puisque votre ennemi n'existe plus. Ou bien un autre ennemi apparaîtra et vous serez vaincu cette fois à votre tour. La vengeance est spontanée. Le premier devient le dernier. L'enfant existe avant le « père » et la « mère », puisque le père et la mère ne peuvent exister qu'après la naissance de l'enfant. La victoire est la défaite. Tout est palindrome dans ce monde relatif. C'est paradoxal, la vie. La vie existe toujours et pour toujours, puisque la vie n'a ni commencement ni fin. La mort n'existe pas, c'est-à-dire la mort ne peut pas exister pour toujours. Elle a une fin elle-même. C'est la fin pour toujours. La fin pour toujours signifie la non-existence. La mort est morte.

« La vie, c'est la mort » dit Claude Bernard. Il voulait dire que « la vie c'est le chemin qui nous conduit vers la fin-mort, ou bien, la vie et la mort sont les deux noms d'une seule chose qu'on ne connaît pas ». L'identité de la vie est-elle la mort ?

La philosophie orientale fait voir une vue panoramique de l'univers infini et enseigne que la vie est éternelle, que la vie c'est « exister », et que la mort est le manque de cette visibilité illimitée et panoramique non seulement dans l'espace mais aussi dans le temps. La mort n'existe jamais. La mort, c'est une imagination de celui qui a peur à cause de cette cécité mentale, le jugement suprême complètement voilé.

La philosophie universelle, pratique et dialectique, nous enseigne comment vivre une vie longue et infiniment amusante et belle, sans aucune peur. Seul, celui qui est peureux a des ennemis, connaît l'hostilité et la difficulté.

La philosophie nous enseigne donc comment transformer les ennemis jurés en amis les plus étroitement liés.

« Une génération mauvaise et adultère réclame un signe. »

MATTH. XII 39

Voici mon Serviteur que j'ai choisi

Mon bien-aimé en qui mon âme a pris plaisir.

Je mettrai mon Esprit sur lui,
et il anoncera la Justice aux nations.

Il ne contestera point, il ne criera point,
et personne n'entendra sa voix dans les rues.

Il ne brisera point le roseau cassé,
et il n'éteindra point la lampe qui fume,

Jusqu'à ce qu'il ait fait triompher la Justice.

Et les nations espèreront en son nom.

Eléments de dialectique Yin-Yang

Yin est la force centrifuge, force d'expansion, de dilatation, de dilution, de dépression.

Yang est la force centripète, force de contraction, de constriction, de pression, de cohésion.

Yang, ou force centripète, produit la chaleur, la lumière, des radiations chaudes (rouge, infra-rouge), l'activité, la sécheresse, ce qui est lourd, ce qui a tendance à descendre, ce qui est dur, la cohésion, les formes ramassées, trapues.

Inversement, Yin ou force centrifuge, produit le froid, l'obscurité, les radiations froides (violet et ultra-violet), la passivité, l'humidité, ce qui est léger, ce qui a tendance à monter, ce qui est mou, la dilution, les formes hautes, élancées, verticales.

On dit qu'une chose est yang lorsque chez elle la force centripète l'emporte sur la force centrifuge. Et inversement qu'une chose est yin lorsque chez elle la force centrifuge l'emporte sur la force centripète.

Relativement à la femme l'homme est plus actif, plus coloré, il a les chairs plus ramassées, moins grasses, les muscles plus durs, le pourcentage de globules rouges plus élevé.

C'est dire que chez le mâle la force centripète est plus importante que chez la femelle.

Yin et yang s'attirent mutuellement, yin et yin, yang et yang se repoussent mutuellement. Yin produit yang avec le temps et l'espace. Tout est yang au centre et yin en surface.

N.B. — Voir les 12 théorèmes de yin-yang - Schéma de l'ordre de l'univers, etc., dans le livre « L'ère atomique et la philosophie d'Extrême-Orient ».

Le rhume

Le rhume ordinaire, dont l'existence est attestée depuis le commencement de la médecine, n'a pas encore reçu de cure réelle ; tout ce que la médecine moderne, si autoritaire et si glorieuse, a fait pour le rhume a été de le rebaptiser « allergie générale ». Ce mot d'allergie, mot magique qui n'explique rien, révèle en essayant de les dissimuler, l'ignorance, l'arrogance, l'irresponsabilité des médecins « scientifiques » au cours des siècles. Récemment, le gouvernement américain a décidé de consacrer vingt millons de dollars à la recherche d'un vaccin contre le rhume commun. Consacrer une telle somme à la recherche d'un remède qui ne peut être que palliatif et symptomatique, à la suite de tant de merveilleuses inventions pharmaceutiques, médicales, et chirurgicales glorieusement couronnées qui se sont si souvent révélées, tout au plus, de valeur symptomatique, n'est-ce pas une farce ? Et si l'on réussit à trouver un vaccin pour les un million cent mille personnes qui sont affectées chaque jour par le rhume commun, il faudra aussi s'occuper du rhume des foins (hay fever) qui affecte chaque année trente millions de personnes aux Etats-Unis.

Et ce n'est pas tout : n'oubliez pas que le Président

Eisenhower a déclaré en session du Congrès de 1954, que « cent millions d'Américains vivant aujourd'hui vont mourir d'affections cardiaques ». Et que, d'après les statistiques officielles, cent vingt-huit millions d'Américains souffrent de maladies chroniques... Combien donc de vaccins faudra-t-il encore inventer pour compléter cette armée d'inoculations dont les effectifs ne cessent de croître, depuis l'époque de Jenner et de Pasteur ? Et qui plus est, sans utilité réelle, puisque le nombre de recettes qui font si merveilleusement disparaître les symptômes de multiples maladies augmente sans cesse.

Le rhume commun est rebaptisé « allergie », mais, en attendant, il existe toujours et même de plus en plus. Chose curieuse, aucune espèce vivante n'en souffre autant que l'homme; les tigres, les éléphants, oiseaux, insectes n'en sont pas affectés, non plus que les poissons ni les planaria, ni à plus forte raison, les herbes. Ils vivent tous sans rhumes, et aussi, sans chauffage central, ni chauds vêtements confectionnés avec de la laine et des fourrures volées à d'autres animaux.

Pourquoi donc ne recherche-t-on pas plutôt la raison pour laquelle ces animaux, oiseaux, poissons, insectes, ne s'enrhument jamais ? Hélas, on ne pense à eux que pour les tuer...

« S'il me faut tuer pour me défendre », a dit Gandhi « je préfère être tué ». Il déplora toute sa vie qu'il lui fût impossible d'abandonner l'usage du lait de chèvre, c'est-à-dire vivre sans exploiter d'autres êtres vivants.

Tuer d'autres êtres vivants, c'est se tuer soi-même. Exploiter d'autres êtres vivants, vivre aux dépens d'un travail d'esclaves, c'est aussi se tuer soi-même : en vivant de la productivité des autres, l'on atrophie et supprime sa propre productivité, la productivité et la créativité qui ne sont autres que la vie selon la philosophie des Vedanta. L'homme moderne et civilisé qui exploite tant les autres animaux, sans parler de ses semblables, s'enrhume de plus en plus, malgré la consommation de mille tonnes d'aspirine chaque année aux Etats-Unis seulement.

Mais le rhume n'est pas seulement une affection passagère, la perte d'un certain nombre de journées de travail. Chaque fois que l'on s'enrhume, il faut le payer cher, très cher, sous forme de durcissement des artères et des tissus du corps.

D'après le Principe Unique de la science et de la philosophie d'Extrême-Orient, la cause du rhume est la yinisation de notre corps. Nous mangeons trop d'aliments Yin, c'est-à-dire riches en vitamine C, potassium, calcium, phosphore, eau, etc... et n'observons pas la bonne proportion entre nos aliments yin et yang. Au lieu de rétablir la bonne proportion entre les facteurs yin et yang dans notre alimentation, ce qui supprimerait la cause de la maladie, nous préférons absorber des médicaments de nature extrêmement yin qui ont la propriété d'éliminer les symptômes et nous mènent comme de juste à une situation considérablement aggravée.

La médecine moderne ne témoigne d'aucune préoccupation au sujet des causes réelles de la maladie. Elle n'a aucune idée de la cause du rhume ordinaire. Elle ne la recherche même pas. Sa seule préoccupation est de trouver un traitement palliatif qui fasse disparaître les symptômes lorsque le malade les manifeste. Elle n'est même pas troublée par le fait que sa quête pour un remède symptomatique se soit révélée tout à fait inutile depuis des siècles, depuis au moins vingt siècles...

Comment se fait-il donc qu'au lieu de rechercher une solution fondamentale, unificatrice et permanente au problème des maladies, la médecine officielle préfère rechercher une série de recettes symptomatiques, palliatives et temporaires ? A notre avis, la cause de cette incompréhensible attitude n'est autre que la primauté du Dualisme ou Dichotomie de l'homme lui-même, diversement manifesté dans les oppositions spiritualisme-matérialisme, égoïsme-altruisme, science-philosophie, analytisme-synthétisme, Dieu-homme, corps-âme, etc... Et d'où vient à son tour une telle conception dualiste ? De rien moins qu'un très réel durcissement, d'une mort des cellules cérébrales, d'une maladie du jugement.

Le seul instrument de la civilisation moderne, la Science, est aveugle ; elle n'a pas acquis la faculté de jugement malgré les théories d'Auguste Comte. Celui-ci a fort justement remarqué que la philosophie métaphysique doit céder la place à la science expérimentale. Sans l'appui de la technique, la philosophie devient inutile, mais la technicité dépourvue de principes devient dangereuse. La meilleure preuve en est le danger qui menace à présent l'humanité tout entière : la guerre nucléaire, etc...

Le principe moniste est le compas universel qui nous montre en toutes choses l'unique orientation de l'homme — le bonheur éternel, la liberté infinie, la justice absolue, mais qu'il faut se garder de traduire par le bonheur de la majorité, la liberté d'une constitution, ou la justice des tribunaux.

Nous assistons aujourd'hui à la fin dramatique de toutes les autorités classiques, à la fin de la croyance en la théorie expérimentale d'Auguste Comte, en la philosophie empirique de Darwin ; il en va de même de la philosophie cartésienne, de la philosophie de Kant, de la logique formelle, de la théorie atomiste, de la théorie de l'économie des échanges, de la théorie réformiste, etc...

Sans doute, Comte avait-il le tort, partagé avec tous les penseurs du dix-huitième siècle, de croire qu'il démolirait bientôt la puissance oppressive et conventionnelle d'un catholicisme déformé et momifié. Plusieurs siècles avant Comte, Martin Luther et Erasme de Rotterdam avaient commencé ce mouvement. Mais le catholicisme déformé continue sa domination et le protestantisme lui-même est est devenu une autre forme religieuse non moins oppressive et réactionnaire. Comte d'ailleurs évolua sur le tard vers la religion, comme l'avait fait Newton avant lui. On peut même soutenir que la science elle-même a réussi à se déifier.

Heureusement, un Kervran est apparu en ce moment catastrophique de l'histoire de l'homme pour nous montrer des horizons nouveaux de perspectives infinies par les fenêtres infinitésimales des transmutations biologiques. Sa découverte met fin non seulement à la chimie classique en nous ouvrant une nouvelle voie, mais encore à toute la pensée scientifique classique. Elle est exposée dans son livre : « Les Transmutations Biologiques » (ed. Maloine Paris).

Voici la science parvenue à l'âge où elle se transmute en philosophie. Mais, « la science moderne appartient encore à l'âge de la pierre » affirme Mlle Rachel Carson dans son livre : Printemps Silencieux. Tous ceux qui ont lu ou écouté Kervran seront d'accord avec elle. Dès lors, que pouvons-nous espérer, en fait de philosophie, d'une science qui n'a pas encore dépassé son « âge de Néanderthal » ? Cette philosophie pourra-t-elle un jour devenir une méthode qui nous garantisse la liberté· infinie, le bonheur éternel, et la justice absolue ? Nous voulons l'admettre. Mais combien de milliers d'années lui seront-ils nécessaires pour croître et dépasser ce présent « âge de Néanderthal » ?

Il y a une autre voie, celle du « Principe Unique de la Science et de la Philosophie d'Extrême-Orient » avec sa méthode dialectique Yin-Yang. Le principe moniste polarisable a été réintroduit par mon premier livre français, écrit il y a trente-cinq ans « sous les toits de Paris » alors que j'étais un pauvre étudiant sans relations et sans appuis. Voyons ce qu'il peut nous apporter.

D'après le monisme polarisable, on peut classer en deux catégories antagonistes et complémentaires — Yin et Yang — non seulement tous les produits insecticides industriels et agricoles, mais encore les milliers de produits hygiéniques commerciaux, alimentaires, biologiques et physiologiques.

Notre santé et notre vitalité résident dans l'introduction simultanée de Yin et Yang en bonnes proportions. Yin seul, aussi bien que Yang seul, c'est la mort certaine. Yin et Yang en mauvaise proportion ce sont toutes les maladies, tous les maux, tous les malheurs incluant les crimes, toutes les misères, toutes les difficultés, et couronnant le tout, la guerre nucléaire, la plus grande maladie menaçant l'avenir de l'humanité.

Le groupe des éléments chimiques à caractère Yang comprend l'hydrogène (H), le carbone (C), le lithium (Li), le sodium (Na), l'arsenic (AS). Le groupe Yin comprend en première ligne l'oxygène (O), l'azote (N), le potassium (K), le phosphore (P), puis l'immense majorité de tous les autres éléments chimiques. Dans le livre sus-mentionné, « Le Principe Unique de la Science et de la Philosophie d'Extrême-Orient (Vrin. 1931), j'ai exposé la base spectroscopique de cette classification des éléments chimiques.

Les biologistes savent que l'on ne peut vivre sans Sodium ni Potassium. Pratiquement tous les êtres vivants contiennent ces deux éléments. Qui plus est, la proportion entre ces deux éléments est caractéristique de chaque espèce, de sa naissance et de sa manière de vivre. S'il y a quelques espèces d'organisations très simples qui peuvent se passer de ces deux éléments, elles ont toujours besoin d'un couple de deux éléments principaux (par exemple H et O, C et O, etc...) de catégorie Yin et Yang.

Si yin devient absolument prédominant dans la constitution d'un être vivant, celui-ci ne peut que disparaître. La même chose s'applique à l'absolue prédominance de yang. La réalisation d'une bonne proportion entre les éléments yin et yang est la question capitale. Ceci considéré, l'on peut affirmer qu'il n'y a aucun poison dans la nature, mais seulement un déséquilibre, une mauvaise proportion, entre les deux groupes yin et yang.

Un organisme constitué selon une bonne proportion en puissante quantité aura la capacité d'absorber et de neutraliser tout produit de constitution déséquilibrée, jusqu'à une certaine dose. L'on peut même pousser cette théorie jusqu'au bout : « La capacité extrême d'un organisme bien équilibré selon les règles de l'ordre de l'univers peut lui permettre d'absorber et de neutraliser n'importe quel « poison ». Le cas historique du moine Raspoutine se présente à l'esprit pour nous le rappeler.

Dans leurs actions, les hommes témoignent de deux tendances opposées que l'on peut classifier aussi en yin et yang. En face d'un problème, par exemple d'une maladie constitutionnelle, certains hommes réagissent en prenant peur tout d'abord. Peu à peu ou très vite, selon les particularités de leurs constitutions individuelles, leur peur se transformera en hostilité. Cette hostilité à son tour se transformera en attaque violente contre les symptômes alarmants et se satisfait de leur destruction, négligeant généralement la cause de la maladie qui trouve bientôt d'autres symptômes d'extériorisation. Une chaîne de violences sommaires est ainsi déclenchée qui résulte en annihilation de tous les environs et ne peut que se terminer par la mort généralisée. Perspective infernale : la guerre nucléaire est le résultat global des activités des hommes qui réagissent de cette manière.

Un autre type d'hommes réagit en éprouvant non la peur mais de la surprise. Leur surprise les conduit à étudier le cas, à pratiquer la réflexion et l'autocritique afin de découvrir la cause de la maladie, qui consiste toujours en une violation volontaire ou involontaire des lois de la nature. Cette recherche est facilitée par le jeûne et la méditation, par une conduite strictement contrôlée en accord complet avec l'ordre de l'univers. Elle conduit à l'exercice et au développement du jugement pour aboutir à la paix créative.

La première mentalité exprime la manière de vivre d'un peuple yang tandis que la seconde exprime celle d'un peuple yin. La civilisation occidentale se développe le long de la première voie, et la civilisation orientale a toujours emprunté la seconde. La première est dualiste, la seconde est moniste.

Qu'il s'agisse du « biocide » pratiqué au moyen des produits chimiques ou de la menace de la guerre nucléaire, nous avons affaire aux conséquences de la première mentalité. Leur cause commune est à rechercher dans le dualisme qui ne peut, comme de juste, aboutir à la conception d'un monde, c'est-à-dire à une philosophie. De fait, une tendance générale se manifeste aujourd'hui dans le monde entier ayant pour objet de trouver une philosophie qui intègre toutes les connaissances incluant la science.

En ce moment même, une douzaine de groupes comprenant des scientifiques et des philosophes travaillant dans ce but rien qu'au Japon. La mort de la théorie de Comte est confirmée : la science recherche aujourd'hui la philosophie. Aux Etats-Unis, le professeur Herbert Ratner, spécialiste en prophylaxie et hygiène générale, a récemment confirmé que ce pays est le plus riche en malades (un million cent mille personnes sont enrhumées chaque jour) et qu'en même temps les Américains sont le peuple qui pratique le recours le plus exagéré à la vaccination, aux opérations, aux médicaments et à la droguerie.

« Pourquoi sommes-nous la nation la plus misérable au point de vue de la santé ? » demande-t-il et il conclut : Parce qu'il nous manque une philosophie ».

Après tout, la science n'est qu'un instrument ; elle n'est que l'art sensoriel de percevoir, d'expérimenter et de décrire ce qui se passe dans ce monde de relativité ; la vie est une chose infiniment plus grande ; elle est l'infini lui-même, dont notre monde de relativités n'est qu'un point géométrique infinitésimal.

La vie présente un double aspect, l'aspect « visible » de la matière dans le monde des relativités et l'aspect « invisible » dans l'invisible infinité. Le visible vient sans cesse de l'invisible.

« La matière vient de la non-matière et l'énergie se crée sans cesse de nulle part », telle fut la conclusion pessimiste du Professeur Bridgman qui le conduisit à abandonner ses recherches scientifiques et à se suicider à l'âge de soixante-dix-neuf ans.

En tous cas, l'existence de l'Homme est aujourd'hui menacée par le « biocide » chimique et par la guerre nucléaire. Pourquoi cette double tragédie sans précédent dans tous le cours de l'histoire ?

Notre réponse est simple. Ces menaces ne sont que deux des symptômes d'une maladie universelle plus fondamentalement meurtrière, une maladie du jugement. Le jugement suprême de l'homme est devenu aveugle depuis quelques siècles ; il est intoxiqué et complètement paralysé par l'action de sa médecine chimique, symptomatique et industrialisée, elle-même fille de la logique dualiste dite logique « formelle ».

La Justice, 7ᵉᵐᵉ condition de la santé
Qu'est-ce que la Justice?

Il y a beaucoup de choses en ce monde qu'on « ne voit pas en les voyant », qu'on « n'entend pas en les entendant », qu'on « ne connaît pas, bien qu'on en parle sans cesse », la Justice est une de ces choses.

Liberté, bonheur, vie paix, éternité, santé, harmonie, beauté, vérité... tout le monde connaît ça, ainsi que la justice, et tout le monde en demande, en parle, le cherche... Puis chacun fait de gros efforts pour trouver des réalités contraires ou falsifiées et vivre en sécurité...

Esclavage, malheur, mort, guerre, maladie, incertitude, laideur, imitation, mensonge, règlement... Beaucoup de professionnels sont spécialisés dans la production et la vente de ces imitations de la vérité : marchands de savons, marchands de médicaments, d'éducation, de religion, d'armes, d'assurances, de banques, de diplômes, de techniques, etc...

On appelle la science, la philosophie, l'idée, la révolution, etc... la recherche de ces imitations de la vérité.

Qu'est-ce que la justice ?

« Les choses visibles » et les « choses invisibles » existent dans le monde. Le monde où l'on peut mesurer et le monde mystérieux, vague et qu'on ne peut mesurer. Certains décident que les « choses visibles » sont le principal et que ce qu'on ne voit pas n'existe pas : Démocrite, Epicure, Aristote, Descartes, Darwin, etc...

Au contraire, certains disent que les « choses invisibles » sont le principal et que les « choses qu'on voit » ne sont qu'ombres óu illusions : spiritualisme, mysticisme, philosophies, religions, etc... Le kokuzô (expansion infinie), Sunyata, Vedenta, Lao-Tse, Sôtse, Bouddha, Nagarjûna, Asanga, Jésus-Christ, etc... Comme partout on voit deux partis : yin et yang et un drame dit « la Vie » continue ses scènes dramatiques et amusantes éternellement.

Plusieurs milliers d'années sont passés. Ces deux partis se sont méprisés et combattus l'un et l'autre. Cependant, ceux qui se sont engagés dans le parti des « choses visibles » et qui ont négligé les « choses invisibles » ont découvert dans la trentième année du XXᵉ siècle que les « choses visibles » étaient probablement produites par les « choses invisibles ». C'est la découverte de l'univers des éléments. C'est dire que ceux qui ont affirmé si brutalement que les « choses visibles » étaient le seul point d'intérêt et que les « choses invisibles » n'existaient pas, viennent de s'apercevoir qu'ils étaient aveugles...

Cependant, ceux du parti des « choses invisibles » et qui n'admettent d'autres réalités ont continuellement été surpassés par les découvertes du parti des « choses visibles » car ils n'avaient pas assez étudié la science et ne connaissaient rien des « choses visibles ». Certes, ils ont été déchus de leurs prérogatives et on ne les laisse plus s'occuper maintenant que de funérailles. Mais ils détiennent un chemin secret pour sortir du cul de sac mortel où le parti des « choses visibles » est tombé.

Perdu dans la tempête de la peur, de l'incertitude, de l'inquiétude, le monde est sur le point de disparaître. L'Amérique, le royaume de l'or, et leader du parti des « choses visibles » le sait.

Beaucoup d'Orientaux, fils de la civilisation Bummei, c'est-à-dire spirituelle (ou du parti des « choses invisibles ») sont attirés par la civilisation de l'or et quelques-uns reviennent déçus par le matérialisme ou civilisation butu-mei. Il y a une soixantaine d'années, Okakura, auteur du LIVRE DU THE, et Etsu Sugimoto, auteur de LA FILLE DU SAMOURAI ont voulu faire de la civilisation d'Extrême-Orient la fille adoptive du royaume de l'or. A la même époque, un Américain venait s'installer au Japon comme journaliste. Il avait épousé une Japonaise et il s'efforça toute sa vie d'importer la civilisation d'Extrême-Orient pour secourir le point faible du royaume de l'or, il s'appelait Lafcadio Hern. Hern est à l'opposé de Kipling ou de Lawrence d'Arabie. Malheureusement, comme eux ou comme Okakura et Etsu Sugimoto, il appartient au troi-sième jugement. Voilà pourquoi ces hommes n'ont laissé de l'effort de toute leur vie que quelques œuvres de littérature comme monument commémoratif.

Qu'est-ce que la Justice ?

D'après l'encyclopédie américaine c'est une chose comme le bonheur que l'homme ne peut jamais réaliser : Voilà le jugement le plus haut du parti des « choses visibles » !

La Justice, selon le parti des « choses invisibles » est quelque chose comme l'air que l'on respire et qui est la base de tout bonheur et de toute existence dans ce monde. Elle est la source de toutes les lois. C'est une chose sans laquelle on ne peut vivre une seconde. Elle a été appelée Mikoto (vie), Tao ou Miti (le chemin, la voie), Taidô (grand chemin), Taihô (grande loi), Taikyoku (infini), Taigi (grande justice), etc... J'ai traduit tous ces mots en langage moderne par l' « ORDRE DE L'UNIVERS » et je me suis efforcé jus-qu'à soixante-dix ans de le rendre international. C'est l'Esprit, c'est Dieu. Les anciens l'appelaient le « Maître de l'Univers » (amanominakanonusi, en ancien japonais).

Les Princes du parti des « choses visibles » sont l'or, la matière, la force et la destruction et les Princes du parti des « choses invisibles » sont l'Esprit, la Paix, l'Infini et l'Absolu. Le parti des « choses visibles » est arrivé à son point final.

Dans le parti des « choses visibles » la technique de la matière, de la force, de l'or, de la conquête était la plus haute étude ; dans le parti des « choses invisibles » la recherche de la Justice, de l'Esprit, de la Paix, de la Vie était la seule question. C'est pour cela que les sciences, les philosophies, les médecines, les biologies, les psychologies occidentales n'ont aucun rapport avec celles d'Extrême-Orient. En faisant son examen de conscience Bergson a dit : « la particularité la plus grande de la science est son ignorance sur la vie. »

Entrant dans l'empire mondial du vingtième siècle, le pays où l'or est roi, j'ai l'impression d'être un des derniers primitifs du « monde invisible », un Commanchero ou le dernier des Vikings, ou le dernier des Mohicans.

Souvent, on croit que je suis un Oriental à tendance spiritualiste ou mystique, mais je pense que cette classification est tout à fait fausse. Il y a six ans, dans le premier camp français de philosophie d'Extrême-Orient, il y eut beaucoup de guérisons et on appela ce camp « le camp des miracles », c'est ainsi que tout commença. Avec les miracles, des gens irraisonnables arrivèrent comme des fourmis à l'assaut d'un pot de confiture. Car dans ce pays qui a donné naissance à la civilisation scientifique il existe des gens qu'on ne pourrait même pas imaginer dans un cauchemar. Chaque jour, même maintenant, je m'en étonne encore. Voilà la particularité d'un pays où on aime les dessins animés, les mots croisés, la propagande, la publicité, un pays où les hommes d'affaires et les publics relations sont efficaces. On comprend le succès de la télévision et du cinéma. La justice et la médecine, la politique et même les arts et ce qui est encore plus étonnant la religion, se servent de public relations et agissent elles-mêmes comme si elles étaient des public relations ! Drôle de pays où l'on publie un horoscope dans les journaux de première classe...

Le I-King et le Zen, le Tao, surtout les mondes de Wabi et de Sabi, de Hana (l'arrangement des fleurs) et du 茶 (cérémonie du thé), ou encore du Haïku (poésie en 17 syllabes) ne sont pas à ce point faciles pour qu'on puisse les faire comprendre au plus grand nombre par des public relations. Ce sont des sujets que les dents des « mass-communications » ne peuvent mastiquer. C'est impossible ! Et on me conseille de parler à la radio et de me montrer à la T. V. ! Il y a des gens qui m'appellent « docteur ». Combien cette appellation est ennuyeuse, triste, pitoyable pour moi. Si Jésus avait été appelé assassin ou gangster qu'aurait-il ressenti ?

Je suis un homme qui s'est amusé jusqu'au bout toute sa vie en faisant, comme en jouant, un travail de 180° opposé à celui que font ceux qu'on appelle « docteurs ». Quel médecin ne serait-il pas choqué si on l'appelait « assassin » ? Cependant, je suis encore plus étonné quand on m'appelle « médecin »...

Voilà la tristesse d'un vieillard d'Extrême-Orient. Il a enseigné, et il a cessé d'enseigner, les secrets par lesquels on peut se guérir soi-même par sa propre force, de maladies incurables, de verrues, de rhumes, de rhumatismes, même de maladies mentales, du mensonge, du vol, de la guerre contre lesquels ni la médecine, ni la science malgré le temps et leurs efforts ne pouvaient lutter. Pour cela il a dépensé toute sa vie sans dormir, sans maison, sans goûter le moindre plaisir familial, sans lire les livres qu'il aime et il est devenu âgé de soixante-dix années. Et c'est une bien triste chose dans ce monde que d'être, à ce moment-là considéré comme un docteur spécialiste de la guérison palliative.

Quoi qu'il en soit, cela ne fait rien. Qu'on me considère comme un guérisseur, qu'on m'appelle un faiseur de miracles, qu'on me croit magicien ou pitoyablement qu'on m'appelle docteur, bah ! après tout, puisque je vends « le monde invisible » il est normal qu'on me prenne pour un gangster ou un escroc.

La septième condition de la santé et du bonheur, est le moyen d'employer et de pratiquer ce que l'on désigne par le mot « justice ». Cette condition est beaucoup plus importante que les autres, elle est incomparable. A ce point que si elle n'est pas remplie, les six autres deviennent inutiles même si elles sont scrupuleusement observées et si on les a atteintes parfaitement.

Un jour, l'hebdomadaire « Times » publia un fait divers qui relatait qu'une femme avait réussi à soulever la voiture sous laquelle son fils était coincé. Ainsi, elle avait sauvé son fils en se froissant seulement un muscle. Cette force mystérieuse et inattendue est souvent appelée « la force spirituelle ». Tout le monde a entendu raconter que pendant un incendie certaines personnes arrivaient à porter des charges beaucoup plus lourdes qu'elles n'auraient pu le faire en temps ordinaire, ou qu'en entrant dans la foi certains se guérissaient de maladies incurables, ou qu'après avoir cherché une solution en vain pendant de longues années ils l'avaient trouvée subitement. On appelle cela « force de volonté », « la force de la foi » ou « la force spirituelle » mais, en fait, de quoi s'agit-il ?.Les miracles de Moïse ou de Jésus sont devenus des histoires merveilleuses et incroyables. En Extrême-Orient il existe des histoires semblables cent ou mille fois plus extraordinaires. Si-Yû-Ki, roman ultra-long qui date de quelques centaines d'années, est encore lu en Chine ou au Japon. Il a été traduit il y a quelques années en français. Ce travail a duré dix-sept ans. Aucune histoire aussi longue n'a été écrite en Occident et ne le sera jamais sans doute. C'est une conception originale, amusante sur un plan philosophique très profond qui donne une bonne orientation de pensée aux lecteurs sans qu'ils s'en rendent compte, et qui enseigne le plaisir et la joie suprême de découvrir les merveilles de l'Univers, et de trouver la clé du ciel. On pourrait le comparer à la lampe d'Aladin, à Alice au Pays des Merveilles, à Gulliver ou à la Machine à remonter le Temps. Après ces lectures, le monde des « choses visibles » apparaît simpliste, superficiel et sans goût. On tremble, on est stupéfié par l'idiotie, le manque d'imagination du cinéma et des dessins animés. En considérant les idées de Méterlink, de Uspenski, Gurdjief, Coué, Kinsey, Freud ou de Swedenborg on s'attriste de ce que le mysticisme et le spiritualisme occidental soit si superficiel.

Les œuvres de Baudelaire, de Mallarmé, de Valéry, de Rimbaud, de Poë, etc... ainsi que celles de bon nombre de peintres abstraits sont très différentes du symbolisme d'Extrême-Orient. Il semble que celles-là ne soient qu'une rhapsodie de fuite des gens du deuxième jugement suffoqués par le « monde visible » et essayant par la force d'atteindre le « monde invisible ». Ils donnent toujours le pressentiment que le monde va se changer en des funérailles tragiques, en folie et en désordre.

Vers l'âge de cinquante ans environ, j'ai découvert que je pouvais tuer les gens avec seulement la force de ma volonté et je me suis effrayé. Sans savoir que j'étais possesseur d'une telle force j'ai tué deux ou trois personnes. Je ne désirais pas les tuer, seulement les abandonner, mais ils sont morts. Les gens que j'ai quittés ont disparu comme un cerf-volant dont la ligne a été brisée. J'ai senti très nettement que c'était moi qui les avait tués. Depuis lors je me suis entièrement sacrifié pour distribuer cette méthode qui soigne le corps et l'âme, la macrobiotique. Ainsi, en me sacrifiant, j'en ai oublié de dormir et de manger, je suis arrivé enfin à cette conclusion : rien n'est plus facile que de guérir les maladies dites graves, dites incurables, mais rien n'est aussi difficile que de guérir les malades. Alors, j'ai trouvé l'importance, l'amusement, le suspens et la joie de lutter contre cette grande difficulté et j'ai donné toute mon âme et toutes mes forces pour cela. Le temps est passé, la Terre a continué sa course et je suis arrivé à l'âge de soixante-dix ans. Là, j'ai trouvé la plus grande certitude, c'est précisément la septième condition de la santé. La justice, l'ordre de l'Univers, c'est le secret de la force spirituelle et c'est la clé de la force magique. C'est précisément ce qui donne naissance aux miracles divers. Le chemin pour y arriver n'est pas le chemin des mortifications difficiles, ni de la méditation, ni du yoga, c'est un entraînement du corps et de l'âme qui dure trente ou cinquante ans. Il faut remonter les montagnes enneigées les plus raides dans le froid qui blesse le corps comme un sabre, à chaque pas, à chaque moment, à chaque seconde. Si on est encore plus strict il n'est pas impossible d'y arriver en dix ou vingt ans. Mais si l'on dépend du guide ou d'un instructeur on perdra l'indépendance. L'étude par soi-même est nécessaire pour atteindre complètement le chemin :

1) NE JAMAIS SE FACHER

Accepter n'importe quoi avec grande joie et gratitude, soit les choses très difficiles, soit les choses très malheureuses.

Accepter un très grand malheur, un très grand souci avec une joie et une gratitude de plus en plus grande.

Etre dans un tel état que du matin jusqu'au soir les paroles qui sortent de la bouche soient imprégnées d'un sentiment de reconnaissance infinie, avoir un état d'âme plein de gratitude.

2) NE PAS CONNAITRE LA PEUR

Avec cet état d'âme on accepte ce qui est terrible avec joie. On recherche du matin jusqu'au soir ce qui est terrible et horrible.

3) NE JAMAIS DIRE

« Je suis fatigué », « j'ai des ennuis », « qu'est-ce qu'on peut faire », « c'est difficile » ou tout autre expression de ce genre.

4) EN MANGEANT N'IMPORTE QUOI REPETER

Quelle joie, comme c'est délicieux !

5) DORMIR PROFONDEMENT ET TRES BIEN

Ne jamais rêver, ne jamais bouger, être rafraîchi avec quatre ou cinq heures de sommeil, se réveiller avec le sourire et à l'heure qu'on veut.

6) NE JAMAIS RIEN OUBLIER

Principalement l'esprit de « un grain dix mille grains ».

8) NE JAMAIS MENTIR POUR SE PROTEGER SOI-MEME,

9) ETRE EXACT,

10) TOMBER AMOUREUX DE TOUT LE MONDE,

11) NE JAMAIS DOUTER DES AUTRES.

12) N'AVOIR JAMAIS L'ESPRIT DIT « DE DETACHE-MENT » (conceptuel), ou dit « aimer les autres » (hypocrisie). Au contraire, s'attacher complètement et seulement à la justice absolue, à l'ordre de l'univers.

13) DECOUVRIR ET REGARDER LA VERITABLE RAISON DE LA VIE comme le trésor le plus précieux et le plus grand de ce monde.

14) GOUTER JOUR APRES JOUR, HEURE APRES HEURE, le plaisir et la joie de découvrir ce qu'il y a de plus grand et de plus haut, l'ordre de l'univers, dans les choses les plus petites, infinitésimales.

15) NE JAMAIS TRAVAILLER, NE JAMAIS VENDRE SON TEMPS (la vie) pour de l'argent, s'amuser et jouir jusqu'au bout ; toute la vie, vivre comme un homme libre, comme l'oiseau dans le ciel ou le poisson dans la rivière.

16) VIVRE L'ESPRIT DE « UN GRAIN DIX MILLE GRAINS » afin de faire connaître à tout le monde l'amuse-de ce jeu de la justice absolue.

Ceux qui font l'entraînement de la macrobiotique pendant des années et qui, en plus, ont eu cette éducation depuis leur enfance, auront cette force spirituelle ou cette force magique comme on l'appelle ici.

Le mot « miracle » fait partie du vocabulaire de ceux qui ignorent l'ordre de l'univers (la constitution extrêmement grande et infinie, qu'on ne peut mesurer même en se servant de billions d'années lumière). Le mot « justice » sert à désigner la constitution de l'ordre de l'univers et le principe (dialectique) de son changement. Ces mots passe-partout, miracle, justice, dénotent aujourd'hui une grande ignorance.

Ceux qui croient aux miracles, ceux qui croient à l'irraisonnable, ceux qui se refusent à expliquer les mystères, se cantonnent au jugement de la seconde ou de la troisième étape.

Originairement, la science appartenait à la quatrième étape où les miracles ne sont pas admis. Cependant, aussi longtemps que les scientifiques croiront à une fiction comme $E = mc^2$ ils seront pareils aux naïfs qui se contentent de dire : miracle ! sans comprendre (en science — chose curieuse — beaucoup de gens se servent uniquement du jugement de la deuxième étape. Les scientifiques professionnels sont-ils tous des bigots de la science ?

Presque toutes les lois scientifiques font preuve d'un jugement qui ne dépasse pas le niveau de la loi d'Einstein et qui est même parfois moins haut, comme par exemple la loi de Newton, la loi de Lavoisier, la loi de la thermophysique, de Carnot, etc...

La loi de Lechatellier est une exception très rare, ainsi que la loi de la non-symétrie que Pasteur n'a fait qu'effleurer. Si on avait unifié et perfectionné ces lois, on pourrait approcher la justice, la vérité, le principe yin-yang qui remplit l'univers. Il y a d'autres découvertes de cet ordre, mais chose regrettable personne ne les unifie, ne les perfectionne, ne les extrait, ne les cristallise. C'est naturel chez des gens qui n'essaient de connaître que le monde visible...

Mais il est peut-être encore un peu tôt pour être vraiment déçu. Car, comme conséquence de la loi « plus grande la face, plus grand le dos », il doit y avoir certainement des gens qui s'intéressent intelligemment au monde invisible. N'y a-t-il pas eu Gœthe, Samuel Butler, Pierre Louys, Elisée Reclus ?

Certaines choses sont encore plus extraordinaires que les miracles :

1) La grande construction dite « univers ». La science ne connaît même pas sa grandeur. Après tout, pour elle, une chose invisible est une chose qui n'existe pas...

2) Les transmutations perpétuelles. Le grand, l'infini-univers, fait opérer tous les changements possibles à chacune de ses unités et en chacune de ses parties, avec une vitesse formidable et mille fois différente.

3) L'unique principe. Ces changements et ces transmutations suivent une loi constante.

4) La rapidité. Dans cet univers sans fin, courent avec une rapidité extraordinaire, des billions et des billions de systèmes solaires gardant chacun leur propre orbite.

« *Les cieux eux-mêmes, les planètes et notre globe central sont soumis à des conditions de degré, de priorité, de rang, de régularité, de direction, de proportion, de saison, de forme, d'attribution et d'habitude, qu'ils observent avec un ordre invariable.* »

Shakespeare (Troylus et Cressida)

5) La vie. L'être qui est apparu dans un ciel, parmi ces billions et ces billions de cieux. N'est-ce pas le plus grand des miracles. Notre science est encore un bébé de l'âge de pierre, dit Rachel Carlson, l'auteur du « Printemps silencieux ». Il ne connaît rien de l'histoire, du caractère, de la fonction de la Terre, notre soi-disante mère. La joie d'avoir découvert quatre-vingt-douze sortes d'éléments n'a pas duré longtemps. Ces éléments ont disparu comme un brouillard, ils sont devenus une goutte éphémère de rosée, appelée particules élémentaires, et de plus, d'un seul coup, ils se sont changés en électricité yin et en électricité yang. La science a-t-elle perdu sa raison d'être ? Elle est arrivée à sa fin. Le monde visible est terminé, le monde invisible s'est ouvert avec éclat ! Devant cette découverte, la science retient son souffle. Cependant, la vie se développe de plus en plus, elle ne connaît pas d'arrêt ! Elle fait toujours apparaître de jolies couleurs sur les fleurs, elle donne des fruits délicieux, la terre grande et noire produit des protéines et des graisses, des hydrates de carbone, des vitamines et des enzymes, du CO_2, du N_2 et du O_2. Elle donne naissance, élève divers animaux : les planctons, les poissons, les oiseaux ; régulièrement, l'évolution avance. Ah ! quel miracle !

6) Mémoire. Il y a un miracle encore plus grand, c'est la mémoire. A présent la science a réussi à construire une grande machine-mémoire. Cette machine fera perdre leur travail à quelques dizaines de milliers de travailleurs intellectuels et quelques millions de mathématiciens. Elle fait renaître une révolution industrielle. Pourtant, la machine

portable, dite tête-humaine, qui est 1/10.000ᵉ fois plus petite que cet énorme engin cibernétique a une mémoire de plusieurs billiers de fois supérieure, et posède de plus la faculté dite « imagination », « intuition », « jugement », « volonté ». Cette dynamo ne crée-t-elle pas la paix, la liberté, la justice, le bonheur, la santé, la beauté et même l'amour ? C'est sans doute le miracle le plus grand.

Ce que la science a découvert dans le monde visible n'est que le poil d'une vache, ou plutôt n'équivaut même pas au poil de neuf billons de vaches en comparaison du monde invisible qui contient l'univers (n'ont-ils pas été ridicules les scientifiques qui l'ont négligé, n'était-elle pas ridicule l'humanité qui a suivi avec docilité la science ?).

7) Yin produit yang. Yang produit yin. La science est en train de renaître, c'est le septième miracle. La science s'est désespérée et s'est suicidée quand son amoureux « le monde visible » auquel elle avait accordé sa confiance, a disparu. Mais une seule cellule de ces quinze milliards de cellules cérébrales survit : Kervran est son nom !

Il a ouvert ses yeux. Il s'est mis debout. Il a commencé à marcher. Il a vu le monde nouveau. Il a découvert dans les ruines du monde visible complètement détruit le bourgeon du sixième miracle, la vie. Après trente ans d'observation sur le mouvement de ces bourgeons, il découvrit ce que dit la vie merveilleuse : transmutation.

Dans le contexte social que nous connaissons il lui est difficile d'être découvert et reconnu par la science. Ce qu'il a vu est tellement inimaginable qu'il a lui-même d'abord douté de ses yeux et de son esprit. Pendant trente ans il se résigne au silence tout en continuant à regarder le mécanisme qu'il a découvert et en se pinçant pour voir s'il ne rêve pas.

Pendant ce temps, un autre miracle se produisait. Un autre homme, né il y a soixante-dix ans, à dix mille kilomètres de Kervran essayait de trouver la personne qui comprendrait en Occident « le monde invisible ». En traversant d'énormes difficultées il a enfin trouvé, il y a maintenant deux ans : Louis Kervran. Plus grande la face, plus grand le dos.

La joie de ce vieillard jaune était grande.

Kervran a fait une découverte sans pareil dans l'histoire scientifique. Il était stupéfait et presque paralysé de la découvrir juste au moment où le monde visible se meurt.

« Vous avez ouvert la porte à l'humanité pour sortir du monde visible. Ce monde scellé, très petit et très pauvre. Cette porte donne sur le monde invisible, plein de liberté, de justice et de bonheur brillant ! C'est une découverte sans pareille dans l'histoire de la science ! ».

Les deux étrangers qui se sont rencontrés pour la première fois après 60 et 68 ans d'existence sur terre, se sont-ils compris l'un et l'autre ?

Mais il y a encore des miracles plus extraordinaires.

Ceux qui n'ont que des yeux communs ne voient rien. Mais celui qui regarde avec son troisième œil voit un film intéressant qui ne dure pas trois à cinq heures mais qui dure cinq ans, dix ans, cinquante ans, et des billons d'années. Celui à qui il manque cet œil est un esclave, un ingrat, ses diplômes sont la maladie, le malheur, la pauvreté et le crime. Celui qui découvre les miracles de cet univers infini se déroulant comme sur un écran qui montrerait l'histoire de billions et de billions d'années, est infiniment heureux.

Le billet gratuit d'invitation pour le film de ce miracle continuel est proposé aux personnes qui ont accédé à l'ordre-constitution de l'univers infini et de son principe constitutionnel yin-yang. C'est-à-dire la justice, par la macrobiotique.

La Vitamine C

par Neven Henaf

Il est important que chacun de nous ait quelque connaissance de la nature et des effets de la fameuse vitamine C dans le corps humain. C'est le seul moyen de se former une opinion raisonnable et d'être éventuellement capable de convaincre les esprits ouverts, je veux dire les gens qui n'explosent pas d'office dans une rage de colère lorsqu'ils entendent Oshawa-Sensei déclarer : « En général, évitez de consommer ce qui contient de la vitamine C ».

De toutes les vitamines, la vitamine C est probablement celle qui a engendré la plus grande foi. Presque tous les civilisés modernes croient aux vertus de la vitamine C avec plus d'ardeur et de certitude qu'il n'a jamais été cru au pucelage de la Sainte-Vierge ; plus ils sont ignorants de la question, plus leur foi est grande, comme de juste. Cette aptitude de la vitamine C à produire une si ferme adhésion religieuse est déjà une forte présomption en faveur de sa nature très yin ; la vitamine C a déjà engendré des batailles dans le passé et sera encore la cause de bien des coups de poings dans le futur. Ses vertus querelleuses doivent la rendre si chère à mes diables de compatriotes que je l'appelle volontiers la vitamine irlandaise. Ceci n'a rien de surprenant, vu le caractère yang des peuples du

Nord, en général. Rien que par ces considérations psychologiques, l'on serait déjà tenté de conclure à la nature
extrêmement yin de la vitamine C. Toutefois, dans le cas
d'une adversaire si redoutable, il est prudent de mobiliser
d'avance toutes les réserves et nous allons faire appel à
quelques-unes des ressources de la chimie et de la
biologie.

La vitamine C porte le nom chimique d'Acide Ascorbu-
tique. Quoique sa formule ne constitue guère qu'une curiosité pour les non initiés, nous la donnons ci-contre : $C_6H_8O_6$.
Ce qu'il y a à retenir, c'est qu'elle est relativement *riche en
oxygène* et douée de propriétés *acides*, deux caractères
qui vont généralement ensemble et sont tous deux habituellement indicateurs d'une nature très yin.

Ses propriétés les plus révélatrices sont les suivantes :
elle est très *instable*, particulièrement à la *chaleur* et en
milieu *alcalin* ; elle est *instable dans les huiles et graisses*,
et elle est *très soluble dans l'eau*.

Généralement, l'instabilité est yin par rapport à la sta-
bilité yang : l'instabilité est la propriété d'être très vite
affecté par la durée, le temps yang. Confirmant cette
diagnose, nous voyons que la vitamine C est très vite
détruite par la chaleur yang ; bien avant la température
d'ébullition de l'eau, la cuisson détruit toute vitamine C.
Le milieu alcalin (à pH élevé) est également yang, et
également destructeur de la vitamine C.

La vitamine C est insoluble dans les huiles et graisses.
Celles-ci sont yin comme l'on sait ; les huiles, elles, sont
insolubles dans l'eau parce que yin repousse yin ; les
huiles sont même généralement plus yin que l'eau. En
refusant de se dissoudre dans les huiles, la vitamine C
témoigne de caractères yin comparables à ceux des huiles.
Elle est même nettement plus yin que les huiles et graisses
en ceci qu'elle est très soluble dans l'eau, alors que les
huiles ne le sont pas.

L'explication en est que les huiles, quoique plus yin que
l'eau, lui sont encore assez proches pour que yin repousse
yin. Mais la vitamine C, plus yin que les huiles, est telle-

ment plus yin que l'eau que cette dernière agit comme si elle était yang vis-à-vis de la vitamine C : Un grand excès de yin se comporte comme yang. Récapitulons tout ceci dans la formule *Yin - Vitamine C - Huiles et Graisses - Eau - Yang*. La chimie ne nous laisse aucun doute sur la nature extrêmement yin de la vitamine C.

QUE NOUS ENSEIGNE D'AUTRE PART LA BIOLOGIE ?

Elle nous enseigne trois faits fondamentaux :

Premièrement, tous les végétaux et tous les animaux en santé convenable contiennent en permanence de très petites doses de vitamine C. La fonction positive de ce composé chimique dans les organismes vivants n'est *pas connue* à ce jour. Il est seulement probable que ce composé très yin remplisse des fonctions apparentées à celle de l'hormone de croissance ; cette dernière est comme de juste aussi très yin et chimiquement assez voisine de l'acide ascorbique et du trytophane dont la découverte de l'influence sur les phénomènes de la croissance a fait une grande sensation dernièrement aux Etats-Unis, et même au Texas où pourtant les sensations sensationnelles sont d'occurrence courante.

Deuxièmement, si la fonction positive de la très petite dose de vitamine C dans les êtres vivants est encore inconnue, sa fonction négative est bien connue depuis longtemps grâce au fait suivant :

Les animaux d'un très petit nombre d'espèces — en particulier les primates supérieurs, singes, hommes, etc... et quelques espèces de rongeurs — sont seuls aptes à développer une très grave condition de dégénérescence mortelle appelée scorbut. Les animaux scorbutiques sont uniformément trouvés dépourvus de vitamine C. Il a aussi été trouvé que ces animaux vivaient depuis quelque temps déjà sur une diète totalement dépourvue de vitamine C : les cas les plus connus sont ceux des anciens marins de la marine à voiles, qui avaient à vivre pendant des mois sur leurs rations de « gourgance et lard de cambuse ». Enfin,

il suffisait de donner aux scorbutiques des aliments conte-
nant de la vitamine C pour voir leur condition s'améliorer
immédiatement. Les aliments riches en vitamine C sont
particulièrement les végétaux crus, comme de juste, et les
fruits, surtout les fruits des pays tropicaux comme de juste
(citrons, piments rouges, etc...).

Troisièmement, il a été démontré que tous les végétaux
et tous les animaux des espèces qui ne développent pas le
scorbut ont la capacité de fabriquer eux-mêmes les très
petites doses de vitamine C qui leur sont nécessaires ; en
particulier, il a été démontré que les mammifères les produisent dans leurs glandes surrénales. Il ne fait aucun
doute que les ancêtres des singes, hommes, et rongeurs
scorbutiques partageaient avec tous leurs cousins mammifères la capacité de produire continuellement les très
petites doses nécessaires de vitamine C par le moyen de
leurs glandes surrénales. Pourquoi certains, sinon tous les
animaux de ces espèces, ont perdu cette capacité dans des
temps relativement récents, cela nous est inconnu.

Avec l'aide de Yin-Yang, nous allons en offrir une
explication qui a même le mérite d'être très simple : A un
certain stade de leur évolution, les ancêtres des animaux
scorbutiques étaient frugivores, arboricoles et tropicaux :
leur diète était très riche en vitamine C ; leurs organismes
n'avaient plus à fabriquer de vitamine C, mais bien au
contraire à détruire continuellement les déluges de la
vitamine C de leur diète dont ils étaient très dangereuse-
ment inondés en permanence. Une fonction qui ne s'exerce
pas s'atrophie. Beaucoup d'entre les animaux de ces
espèces, sinon tous, ont perdu la capacité de manufacturer
la totalité des petites doses nécessaires. Mais en tout cas,
ne l'oublions pas, tous ont conservé les organes pour la
produire, leurs glandes surrénales. Il ne s'agirait pas de
recréer un organe disparu, fait difficile ; il s'agirait simplement de réactiver un organe existant. Et même quand il y
a lieu de recréer un organe disparu, nous savons que la
nature n'hésite guère : les baleines et les marsouins, et avant
eux les ichtyosaures, avaient très bien recréé de nouvelles

nageoires pour la vie aquatique, nouvelles nageoires sans rapport aucun avec celles des poissons incluant les lointains ancêtres de tous les mammifères.

LES MÉDECINS MODERNES TÉMOIGNENT D'UNE GRANDE PRÉSOMPTION EN AFFIRMANT QUE LA CAUSE DU SCORBUT EST L'ABSENCE DE VITAMINE C DANS L'ALIMENTATION

Nous disons : Les deux conditions s'accompagnent, sans plus. (La même situation existe d'ailleurs en ce qui concerne le cancer du poumon et l'usage du tabac). Il est clair que, par exemple, tous les individus de l'espèce Homo Sapiens n'ont pas été testés pour voir s'ils ne manqueraient pas à développer le scorbut avec une diète dépourvue de vitamine C. Il est même clair que tout au plus un très petit nombre d'entre eux ont été testés dans ce but. En fait, les scorbutiques déclarés ont à peu près seuls été testés. Ceci ne permet pas d'affirmer que dans l'espèce Homo sapiens l'absence de vitamine C dans l'alimentation, cause nécessairement une condition scorbutique. Il n'est pas du tout sûr qu'il en soit ainsi.

Il est même très probable qu'il n'en soit pas ainsi, car la vieille littérature « scorbutique » témoigne que tous les membres d'un équipage soumis à la même diète ne développaient pas le scorbut ensemble.

Rappelons ici que la vitamine C *ne peut être stockée dans le corps, ni même s'y conserver pour une durée appréciable :* la température et le milieu alcalin et oxydant du sang chaud des mammifères la détruisent à bref délai.

Or, loin de subir le scorbut ensemble, certain marins en avaient trépassé depuis longtemps tandis que d'autres n'en avaient aucun symptôme. Pourtant, tous avaient subi le même manque de vitamine C depuis la même date. Ce fait systématiquement négligé semble au contraire montrer que la faculté de manufacturer les petites doses nécessaires de vitamine C existe, avec une efficacité variable, chez certains individus. Il semble même que les marins de métier succombaient davantage au scorbut que les nouvelles recrues, fait inexplicable pour la théorie officielle et très révélateur pour nous.

Les médecins modernes non seulement écartent d'office les faits qui s'opposent à leurs théories, tels les faits ci-dessus, mais encore ils négligent la plus élémentaire prudence :

Du fait que de très petites doses de vitamine C soient nécessaires dans l'organisme, ils inondent les patients de doses énormes de produits extrêmement yin sans se préoccuper des conséquences. En somme, du fait que de très petites doses d'Arsenic et de Mercure sont également très nécessaires dans l'organisme, ils recommanderont d'inonder les patients d'Arsenic ou de Mercure « afin qu'ils n'en manquent pas ! ». La même chose s'est produite avec l'insuline, la cortisone, etc... Tout récemment, ils en sont enfin venus à la notion que l'usage d'insuline et de cortisone d'origine externe puisse avoir des effets plus nuisibles que tous leurs avantages symptomatiques. Pour prévoir ces effets, il n'était pas nécessaire d'avoir beaucoup de cervelle !

En somme, la situation des scorbutiques apparaît très analogue à la situation des diabétiques. Les uns et les autres sont pourvus des organes non dégénérés nécessaires à la production des petites doses d'acide ascorbique et d'insuline, mais ils n'en produisent pas, ou du moins pas assez. La cure réelle serait de leur restituer cette capacité.

Il est clair que l'administration de vitamine C ou d'insuline d'origine extérieure n'est qu'une élévation symptomatique de leur condition ; que plus on leur injecte ces produits de l'extérieur, moins ils sont incités à rétablir leur auto-fabrication ; de plus, que cette élévation symptomatique est très dangereuse en ceci que l'injection de l'extérieur entraîne temporairement des doses bien plus élevées que les doses naturelles. Ce danger, en ce qui concerne l'insuline, vient enfin d'être reconnu. Pourquoi n'en serait-il pas de même de la vitamine C ? La cervelle médicale moderne refuse de se poser cette ques-

tion, à laquelle nous avons pourtant déjà notre réponse :
Le caractère extrêmement yin de la vitamine C ne peut
qu'être la cause d'une condition extrêmement yin qui se
traduira selon les personnes par les symptômes de
l'obésité, des cancers, des affections cardiaques, des
maladies mentales, etc... èt même du diabète à l'occasion.
Lorsqu'ils sont privés d'insuline par voie d'injection extérieure, il est connu que tous les hommes ne développent
pas le diabétisme. Mais, affirment les médecins, tous les
hommes privés de vitamine C dans leur alimentation développent le scorbutisme. Ceci est, nous l'avons vu, une
affirmation gratuite ; elle n'a jamais été vérifiée, pas
même sur une appréciable minorité d'humains. Les faits
connus — même au sujet des anciens marins — ne
confirment pas du tout cette théorie. Comment les médecins ne peuvent-ils pressentir que, même si tous les anciens
marins avaient développé le scorbutisme ensemble sur la
même diète, leur incapacité à manufacturer assez de
vitamine C ne pourrait être due à une particularité de leur
genre de vie très spécialisé ? Si ces médecins étaient
honnêtes, ils devraient reconnaître que rien ne s'oppose
à notre théorie : Diabétiques et Scorbutiques sont des
gens déjà malades avant de développer leurs symptômes.
Privés de vitamine C par voie extérieure, ces malades
développent les symptômes du scorbut tout comme
d'autres développent ceux du diabète quand ils sont privés d'insuline par voie extérieure. Dans l'un comme dans
l'autre cas, la véritable cure est marquée par le rétablissement de leurs capacités. Dans l'un comme dans l'autre
cas, le procédé symptomatique consistant à les forcer à
prendre extérieurement ce qu'ils refusent de fabriquer
intérieurement apporte non seulement un obstacle à leur
véritable cure, mais est encore une source de dangers aussi
désastreux qu'une déficience.

AUTRES FAITS NEGLIGES PAR LES MEDECINS MODERNES

Les Esquimaux, peuple très yang à la fois par sa vie
dans le Nord et son alimentation très carnivore, n'ont à

leur disposition aucun des aliments riches en vitamine C (citrons, oranges et pamplemousses ; alfa, choux et navets crus, concombres, piments, tomates et ananas). Cependant, aucun cas de scorbut n'a ~~jamais~~ été signalé parmi les Esquimaux.

A ceci, les médecins répondent avec quelque impatience : « Les Esquimaux mangent du poisson et de la viande crus qui contiennent encore assez de vitamine C pour leur éviter le scorbut ».

Si cette réponse était correcte, les Esquimaux devraient en tous cas avoir assez peu de vitamine C dans leur organisme. Or, il n'en est rien : Parmi tous les hommes considérés, les Esquimaux sont au contraire *ceux dont le sang contient, et de beaucoup, les plus hautes doses de vitamine C*. L'énoncé de ce fait bien établi a presque toujours pour effet de produire une rage médicale débordant souvent les limites de la bienséance et provoquant l'abrupt départ des intéressés.

Ce fait indique que certains hommes exercent actuellement leurs capacités de produire la vitamine C ; que la cause du scorbut n'est pas la privation de vitamine C dans l'alimentation, pas plus que l'absence de ses injections d'insuline n'est la cause du diabétisme d'un malade.

Ceci n'a rien pour nous surprendre : Il est à attendre que les Esquimaux, peuple très yang, soient les plus aptes à produire l'extrêmement yin vitamine C ; de plus, comme leur diète sans légumes crus ni fruits ne les soumet pas à un perpétuel déluge de vitamine C, ils n'apprennent pas à oublier de manufacturer celle-ci.

En fait, l'absorption de fruits en toutes saisons — surtout de fruits tropicaux tellement yin — « afin d'éviter le scorbut » — est l'une des principales, sinon la principale cause de *l'aptitude à développer éventuellement le scorbut.*

Et que dire du régime macrobiotique ?

Aucun cas de scorbut n'a été rapporté parmi les macrobiotiques, bien que beaucoup aient vécu pendant des mois sur une diète d'aliments cuits totalement dépourvus de vitamine C. A ceci, rien d'étonnant : L'effet de cette diète est de rendre plus yang, donc plus apte à produire la vitamine C ; et cette aptitude trouve à s'exercer du fait que l'alimentation est dépourvue de la fameuse vitamine. Le parallélisme entre scorbutique et diabétique est donc aussi exact que possible.

IL N'Y A PAS DE FACE SANS PILE
MIEUX ENCORE
SELON L'EXPRESSION D'OHSAWA-SENSEI :
» PLUS GRANDE LA FACE, PLUS GRAND LE DOS »

La vitamine C à saveur acide assez semblable à celle du vinaigre n'est pas le Mal des dualistes. Le Principe Unique enseigne que le Mal n'est autre que le Bien lui-même vu par l'autre bout.

L'extrême yin de la vitamine C, consommée par nos ancêtres arboricoles, frugivores et tropicaux, est vraisemblablement, sinon probablement, responsable de l'un ou l'autre de tous les phénomènes yin suivants :

a) redressement de la colonne vertébrale d'une position horizontale (yang) à une position verticale (yin) qui s'observe plus ou moins chez toutes les espèces aptes à développer le scorbut. Ce redressement s'observe d'abord en position assise.

b) développement simultané des aptitudes préhensiles des « mains » chez les primates, les écureuils, cobayes, souris, rats, etc...

c) développement des aptitudes à la vie « sociale » yin, aptitudes très marquées chez les singes, les hommes, et beaucoup de rongeurs (rats, castors, etc...).

d) développement des aptitudes « intellectuelles » yin, très remarquables parmi toutes les catégories d'animaux mentionnés.

Toutefois, ce fut lorsque les anthropoïdes quittèrent leurs tropiques originaux et abandonnèrent la diète de fruits qu'ils devinrent des hommes. C'est le Nord, la Montagne, et la diète plus carnivorienne qui ont procuré le « yang » nécessaire à faire sortir le genre Homo de la foule simiesque, qui ont procuré *deux pieds* aux anciens quadrumanes. En même temps, la capacité de produire la vitamine C redevenait aussi utile qu'aux ancêtres lointains ; allant de pair avec la yanguisation, il serait surprenant qu'elle n'eût pas éprouvé un certain degré de rétablissement.

Enfin, c'est la prédominance de la diète de céréales qui a accompagné la venue de l'Homo Sapiens.

Considérant les habitudes diététiques modernes, il devient assez douteux que Homo Sapiens donne un jour naissance à Superhomo... quoique maints prophètes, de Jésus à Nietzsche, aient annoncé et même plus ou moins décrit la venue du Fils de l'Homme.

En attendant, sachons que la cure réelle de tous les symptômes de la condition excessivement yin imposée par la vie moderne, qu'il s'agisse de scorbutisme, de diabétisme, d'obésité, de cancers, d'affections cardiaques, de « breakdowns » ou de cas mentaux, est le seul recours à la macrobiotique, laquelle consiste en particulier à éviter la consommation de l'extrêmement yin vitamine C.

Le cœur "physiologique" est toujours tué par le cœur "psychologique"

Notre existence dépend de notre cœur. Tant que notre cœur continue de battre, nous vivons ; lorsqu'il s'arrête, notre corps cesse d'exister physiologiquement. Aucun moteur ne peut lui être comparé, il enregistre toute joie, toute tristesse, amour et haine, peur et inquiétude avec une sensibilité infinie. Notre vie sentimentale, intellectuelle, sociale ou idéologique dépend de lui.

On dit souvent « avec tout mon cœur », c'est-à-dire « avec la plus grande et la meilleure chose que je possède ».

Mais, en réalité, nous avons deux cœurs, deux cœurs antagonistes, on les confond toujours : le cœur physiologique et le cœur psychologique. Celui-là a un mécanisme simple, fidèle, honnête et immortel, celui-ci est extrêmement compliqué, capricieux, parfois malhonnête, souvent brutal, cruel et exclusif. L'immortalité de notre cœur physiologique a été prouvée biologiquement par le Dr Alexis Carrel. Il n'y a rien à craindre. Il est immortel ainsi que nos unités d'existence : les cellules ; cœur et cellules, n'ont besoin que d'un milieu en ordre, c'est-à-dire une nutrition convenable, correcte.

Mais pourquoi notre cœur « physiologique » meurt-il ?
Il ne meurt pas, il est tué par notre cœur « psychologique »

138

qui est en réalité notre jugement. Depuis notre naissance, notre jugement grandit pour aboutir finalement à la septième étape dite « jugement suprême ». L'éducation biologique et physiologique développe notre jugement à travers les étapes intermédiaires.

Cette éducation biologique et physiologique, je vous l'offre, sous un nom plus ou moins incompréhensible : la Macrobiotique, qui n'est qu'une application du Principe Unique de la science et la philosophie d'Extrême-Orient.

Notre jugement voilé est toujours le destructeur de notre cœur physiologique. Voilà le secret !

Dans les pays civilisés, il y a trois fléaux : les maladies du cœur, le cancer, les maladies mentales. Un Français sur cinq meurt de maladie cardiaque. Plusieurs centaines de millions d'individus en souffrent, jour et nuit, dans le monde entier. Le nombre de ceux qui sont atteints de maladie mentale dépasse celui de ceux qui souffrent de toute autre maladie ; Voici une des principales causes des difficultés, individuelles et sociales, qui harcèlent l'homme moderne.

La faute, le crime, volontaire ou involontaire, d'un mauvais jugement se paie toujours. Le cœur psychologique peut tout conquérir, mais le cœur physiologique ne peut supporter ni l'abus ni le gaspillage.

L'homme doit être intrépide, aventurier, sans cela sa vie n'est point amusante. J'admire l'intrépidité. Mais je regrette celle de celui qui n'a pas le jugement suprême ! Rien n'est plus facile que de contrôler ce qui appartient à ce monde fini par notre jugement suprême qui est *un* avec l'infini.

Toute maladie de cœur, y compris l'infarctus du myocarde, appartient à la quatrième étape de la maladie (1), c'est-à-dire vagotonique ou sympathicotonique. On peut guérir *symptomatiquement* et *palliativement* ces maladies avec de la cortisone, ou de la chlorpromazine. Avec la macrobiotique, on peut les guérir une fois pour toute, en un mois.

Et pourtant, la mortalité due à l'infarctus du myocarde s'élève de nos jours jusqu'à 70 p. cent.

Peut-être êtes-vous de ceux qui ont guéri avec la macrobiotique toute sorte de maladies dites incurables. Non sans risques et difficultés, je vous ai donné ce moyen gratuitement. Mais si vous le prenez *gratuitement,* c'est une grosse faute.

Vous devez étudier, comprendre et assimiler pourquoi vous avez été malade incurable et pourquoi vous avez été guéri, relire à plusieurs reprises nos publications, réfléchir, montrer que vous êtes un exemple vivant de guérison « miraculeuse », enseigner notre philosophie à vos enfants et voisins. Si vous n'enseignez pas, à tous ceux que vous rencontrez, cette philosophie qui vous garantit liberté, bonheur et justice absolue, votre guérison sera une dette énorme et infinie, et vous finirez tôt ou tard par perdre cette clef du royaume des sept cieux.

Vous le regretterez mais ce sera trop tard !

Et vous retomberez malade, gravement malade, si vous présentez à tout le monde cette clef comme une simple thérapeutique symptomatique et palliative !

(1) Voir « La philosophie de la Médecine d'Extrême-Orient », Vrin éd.

Les reins : autre chose qu'un circuit de plomberie

Le rein est le plus précieux et le plus fidèle de nos organes, c'est le chimiste de notre corps.

La médecine d'Extrême-Orient établit une relation directe entre sa fonction et notre vie sexuelle ; à ce point de vue, il est l'organe le plus important.

Rien de cela dans la médecine occidentale.

Laquelle se trompe ?

Durant presque un demi-siècle, j'ai personnellement rencontré des milliers et des milliers de malades ; tous, quelles que soient leurs maladies, avaient les reins fatigués, bloqués ou extrêmement épuisés. Seule une infime partie de ces malades était diagnostiquée comme souffrant des reins.

Par rapport aux reins, les autres organes sont d'une structure et d'un fonctionnement plus simples, par conséquent plus robustes : estomac, cœur, foie, rate, etc.

Le rôle du rein est beaucoup plus complexe et délicat.

Le rein est le filtre de notre sang qui circule en distribuant oxygène et nourriture, déblayant en même temps les déchets et les impuretés qu'expulsent les trillions d'habitants de notre corps ,les cellules.

Si nous comparons le sang au carburant d'une voiture ou d'un avion, nous comprenons mieux l'importance du rein. Ainsi, par rapport à la mécanique grossière d'un moteur, tout ce passe dans notre corps au niveau microscopique. Et nous savons ce qui se produit si nous mélangeons à l'essence des corps étrangers : La voiture s'arrête, l'avion tombe et s'écrase. Mais nos deux petits reins (130 grammes chacun) filtrent et purifient notre sang, jour et nuit, même pendant notre sommeil et plus activement encore lorsque nous travaillons. Plusieurs milliers de litres par jour, quelques millions de litres par année et cela durant cinquante, cent ans ou plus avec la même régularité, la même constance, sans fatigue et sans faute.

Quelle merveille !

Le travail quotidien de nos reins est comparable à celui d'un homme qui monterait un tonneau de mille litres de vin jusqu'au sommet des Alpes.

Notre rein est un nain-géant, travailleur infatigable, chimiste minutieux, précis et qui jamais ne se repose.

Où puise-t-il cette énergie infinie ?

Qui contrôle cette mécanique de précision et son rendement ?

Automation ?

Mais qui a conçu et réalisé une telle automaticité ?

Pas un seul professeur ne répond.

Le rein résiste à toute acidité, toute impureté, et tout poison en renouvelant sa constitution à chaque instant.

Quelle résistance ! Quelle petitesse ! Quel créateur !

Il est pareil à une montre immergée dans un bain d'impuretés, qui marcherait éternellement sans jamais avoir été remontée, semblable en cela à une mécanique qui ignorerait la loi d'entropie.

Il est à la fois impardonnable d'abuser, d'abîmer ou de détruire cette machine vivante, naine en apparence, mais géante dans ses œuvres. Si vous l'abîmez, même un tout petit peu, vous êtes le plus ingrat, le plus ignorant, le plus brutal, le plus criminel et le plus arrogant des hommes. *Ingrat,* parce que vous ne ressentez pas la joie de posséder un pareil trésor. *Arrogant,* parce que arrogance est synonyme d'ignorance comme brutalité et cruauté. Mais *ignorant* de quoi ?

Ignorant de tout et de TOUT !

Aucune excuse.

Vous aimez votre vie, pas la Vie !

Absurdité transcendante, ignorance absolue !

Vous ignorez totalement ce qu'est la vie, qui l'actionne, quelle est son origine, quel est son mécanisme, quelle est sa valeur ou sa signification, quelle est sa fin et sa raison d'être, pourquoi et par quoi on la dégrade...

Vous ignorez absolument et complètement celui qui imagine, veut, réalise, crée et anime tout : l'univers infini, les univers finis et relatifs, ainsi que ce qui parle dans ces décors changeants, éphémères et illusoires. Il y a des milliers et des milliers d'années, on l'appelait Dieu. On l'avait trouvé ! Hélas ! à travers les siècles, on l'a oublié, tout comme les noms de Jésus, Bouddha, Lao-Tsé, Tao, Ame, Raison, etc.

L'oreille reconnaît ces noms, mais personne ne connaît leur réalité, autrement dit, leur signification. Ceci est l'explication de la misère de notre « connaissance ».

Ajoutons à cela les « penseurs » qui, orgueilleusement, à haute voix et d'un air de défi, déclarent : « La vie est absurde, complètement absurde, nous existons sans connaître notre raison d'être. Nous devons donc créer notre raison d'être. » (J.P. Sartre, Albert Camus, etc.)

Quelle déclaration d'ignorance ! L'existentialisme n'est qu'une bombe fabriquée pour détruire l'image invisible de Dieu. Détruire l'invisible, l'infini, avec une bombe visible et finie, comment cela serait-il possible ?

Ce n'est pas tout, des professionnels dits *médecins* déclarent : « Nous pouvons réparer la vie abîmée, désarmée ou figée ». Sans connaître la vie ? L'univers infini ? Même les univers finis ? Ne sont-ils pas semblables à des cordonniers ignorants et maladroits qui prétendraient réparer toutes les chaussures usées, déformées ou déchirées et inutilisables ?

Cette arrogance-ignorance gouverne et dirige le monde. Le terre et l'humanité se préparent à être écrasées. L'homme se réjouit toujours de l'invention d'une machine plus meurtrière que celle de son voisin : bombe thermonucléaires, médecines poursuivant la production des « merveilles » destructrices de la Vie des microbes, etc.

Mais retournons à nos pauvres malades, ignorants, arrogants, ingrats, simplistes, avares, brutaux, criminels, qui ont abîmé leurs reins merveilleux. Guérir vos reins, condamnés INCURABLES (qui connaît un seul malade des reins guéri une fois pour toutes ?), est la chose la plus facile à réaliser dans ce monde.

Le rein est un instrument de précision, délicat, mais si robuste qu'il nous permet de vivre cent ans et plus. Il est contrôlé, actionné, rénové jour et nuit par le mystérieux système des nerfs dit ortho-para-sympathique, qui n'est autre que le sentier-entrée-étroite-invisible par lequel le créateur infini VIE ou plutôt EXPANSION infinie entre dans notre corps à chaque instant.

Pour guérir, voici ce que vous devez faire :

1) Sachez avant tout l'ordre constitution de l'univers infini qui montre tout de l'ordre des univers finis, sa justice, le Principe Unique qui les gouverne tous. (L'application biologique et physiologique de ce Principe Unique, que n'importe quel écolier peut apprendre en une heure, est la médecine d'Extrême-Orient. Elle n'est pas autre chose que l'art instinctif de la vie, tous les animaux depuis les monocellulaires jusqu'à l'éléphant la connaissent sans jamais l'avoir étudiée dans une école de médecine.)

2) Sachez les sept étapes du jugement et à quelle étape vous appartenez. (Voir N.B. p. 105.)

Je conseille avec une sollicitude toute excessive et sentimentale de ne pas écouter les professionnels simplistes qui recommandent (pour de l'argent) de boire autant que possible : « C'est nécessaire et très efficace pour laver les reins ! » prétendent-ils. Mais nombreux sont ceux qui ont réalisé l'inutilité de ces conseils après les avoir suivis pendant des années en dépensant des fortunes. Ces professionnels ont oublié complètement ce qu'ils ont appris, pourtant avec difficulté, à l'école : la fonction extraordinaire des glomérules de Malpighi, extrêmement petites (01-02 mm), mais qui distinguent normalement les molécules d'eau, de sucre, de protéines, etc.

Ces professionnels assimilent cette machine microscopique, merveilleuse, délicate et précise à de gros tubes de verre. Quelle grossièreté, quelle simplicité ! Avec un tel esprit, comment peut-on voir l'ordre grandiose de l'univers infini et l'image de l'Expansion Infinie ? Même les plombiers ne sont pas si simplistes !

---

(1) Voir « L'Ere Atomique et la Philosophie d'Extrême-Orient », Vrin éd.

L'atome n'est plus

Le temps passe... La Terre s'en va... L'atome n'est plus !
L'atome, ce bijou précieux vanté par l'analyste destructeur
a eu une courte vie de vingt ou trente siècles. L'atome
invisible, « indivisible », enfant-bijou, prince héritier du
roi atomiste, est évaporé. Compte-t-on encore sur lui ?

Ces quinze dernières années ont fait prendre conscience
aux savants que 99 % de la matière de l'univers ne sont
ni solides, ni liquides, ni gazeux. Les étoiles, les espaces
interstellaires, les univers, sont constitués par un quatrième
état de la matière, le plasma qui n'observe aucune loi
scientifique. Le Plasma, c'est une porte fermée irrémédia-
blement devant le roi atomiste et ses armées, équipées de
tous les engins meurtriers modernes. Notre roi a reconquis,
grâce à la stratégie atomiste élaborée par Epicure, Démocrite, Platon, Aristote, Locke, Descartes, Kant et quelques
autres, le premier ciel, le domaine homme ; puis le
deuxième ciel, le domaine des végétaux ; puis le troisième
ciel, le domaine des éléments. Mais sa raison et sa logique
ont perdu toute puissance devant la porte du quatrième
ciel, le plasma ou domaine du pré-atomique ! Son laissez-
passer n'est plus valide ! Il faut avoir maintenant un visa
pour le royaume des sept cieux !

L'atome n'existe plus ! Les trois domaines conquis et colonisés n'existent plus. L'atomiste n'a donc plus droit à l'existence. C'est pourquoi il est facile de prévoir son suicide avec l'humanité tout entière d'un coup de bombe atomique.

Mais tout ce qui a une face a un dos. De l'autre côté de cette planète un autre peuple existe gouverné par une reine unificatrice qui gouverne non seulement le quatrième ciel, le domaine du plasma mais aussi le cinquième ciel appelé « Ki » (qui signifie à peu près psychisme), le sixième « Ri » (Logos) et enfin le septième « Sin » (Vie, Eternité, Liberté infinie, Justice absolue).

Cette reine unificatrice est mère de toute existence. Elle gouverne des milliards et des milliards d'univers. Elle est la Loi, la Justice absolue du Royaume des Sept Cieux. Elle est l'Amour Eternel. Elle est la Vie. Elle crée tout, anime et transmute tout sans cesse et pour toujours.

Deux mille cinq cents ans après Lao Tseu un représentant de la reine est envoyé parmi les descendants du roi atomiste qui se prépare à détruire l'Humanité et la Terre, planète infinitésimale dans l'univers infini. Ce représentant distribue des lunettes magiques qui permettent de visionner les deux mains de la reine créatrice de tout, c'est-à-dire toutes les antinomies, beauté et laideur, grandeur et petitesse, bien et mal, force et faiblesse, santé et maladie, bonheur et malheur. Ses lunettes magiques s'appellent yin-yang, avec elles on peut voir tous les secrets de la création. On peut donc contrôler bonheur et malheur, transmuter malheur en bonheur, laideur en beauté, faiblesse en force. Cette reine est le principe unique de toute transmutation.

Trois savants : Crick, Watson et Wilkins ont gagné le prix Nobel de médecine par leur découverte du code secret de la matière vivante : yin-yang en spirale ! Ils ont trouvé yin-yang en spirale. Mais ils ignorent complètement qu'est-ce que yin et yang... Ils cherchent l'invisible dans le visible. Ils cherchent l'unité infinitésimale de l'univers infini. L'infini dans le fini !

Ces trois prix Nobel sont arrivés enfin à la découverte de l'importance de l'antagonisme Na et K, yin-yang, que j'expliquais depuis cinquante ans comme une application bio-chimique du Principe Unique.

On cherche une constante de la matière après avoir trouvé que le magnétisme, la vapeur et l'électricité venaient d'une transmutation, d'une rotation, d'un mouvement. On s'est aperçu que cette énergie atomique était née dans un monde non-euclidien. Quel contradiction ! Quelle audace ! On ignore que le monde non-euclidien naquit dans un champ infinitésimal de la spirale logarithmique infinie !

Tout comme les primitifs on compte : 1, 2, 3 beaucoup ou infini. Mais on ne cherche pas, on ne pense pas, on ne comprend pas pourquoi Un se divise en Deux et Deux en Trois... On n'a pas de lunettes yin-yang ! Mais on dit en Occident que la troisième transformation de la civilisation va venir après Newton et Einstein, ce sera la destruction totale si l'on n'a pas trouvé et adopté les lunettes yin-yang !

ANNEXE VIII

Yin-Yang sont deux pôles qui entrent en jeu quand l'expansion infinie se manifeste au point de bifurcation. (théorème n° I de yin-yang, voir l'ère atomique p. 56)

Un produit deux...

UN produit deux, et deux produit trois... (Lao Tseu)

L'expansion infinie bifurque à chaque instant, pourquoi ?

La polarisation ne vient qu'après cette bifurcation, pourquoi ?

Un produit deux, et ces deux produisent trois, c'est-à-dire tout ce qui existe dans notre monde. Les bifurcations qui se poursuivent sans fin produisent des ramifications ; constamment un rameau en rencontre un autre : voilà le début de la spirale et du monde matériel.

Tout est en spirale : regardez l'eau qui s'en va dans l'évier, elle tourbillonne à cause de la collision entre le bassin qui la porte et l'eau qui veut descendre. Dans l'air qui entoure l'avion en vol ou la voiture qui roule, il y a quantités de collisions et de spirales.

La collision est la rencontre de Yin et de Yang, c'est en ce point que naît l'électron, et sitôt né, il est entraîné dans dans une autre spirale. Ce n'est pas un grain, ni une particule, c'est un courant, qui procède la nature même de l'expansion infini. Cela étant une fois produit, cela se produit pour toujours, dans toutes les ramifications. Vers le centre de la spirale, le courant électronique s'entasse, s'accumule de plus en plus. Au centre même les électrons viennent former les protons, puis ceux-ci les neutrons.

Que l'électron négatif donne le proton positif, cela semble impossible aux scientifiques ! Pourtant dans l'algèbre, on l'accepte bien, et dans l'histoire aussi : toute grande puissance aboutit au néant, et un homme sans nom ni réputation est porté à la gloire. A partir des électrons-protons tous les éléments sont produits par transmutation. Les deux (polarisation) produisent trois : c'est cela que dit Lao-Tseu, mais il s'exprime symboliquement, et personne ne comprend !

Newton, en formulant son équation de la forme d'attraction a considéré comme vide l'espace entre les corps célestes. Il a dit : c'est absurde de considérer l'espace comme vide ! —- néanmoins, il a établi ses calculs en le tenant pour vide ; quelle faute !

Le vide n'existe pas, c'est l'expansion infinie. Le premier, Démocrite avait défini l'univers comme « fait de vide et d'atomes ». Mais il faut nier cette théorie : le vide n'existe pas, quant aux atomes, la science elle-même les nie déjà ! Alors, rien n'existe ?

Dans notre philosophie, l'univers contient autre chose : l'expansion infinie, qui produit deux, lesquels produisent trois, c'est-à-dire tout, des milliards de soleils, des galaxies, etc... L'expansion infinie remplit l'univers, ou plutôt c'est elle-même, *elle est l'univers*, et à cause d'elle, tout se produit.

La terre tourne sur elle-même à plus de 1.500 km/h à l'équateur, et tourne à 108.000 km/h autour du soleil, qui lui-même tourne à cette même vitesse autour du centre de notre galaxie ! Tout ce système tourne, et à ces vitesses inimaginables comment pouvez-vous rester sur la terre ? attachés par quoi ? D'après Newton on répond : la gravitation ! Mais qu'est-ce que la gravitation ? Quelle est sa nature ? Personne ne l'a jamais expliqué. D'après le principe unique, c'est l'expansion infinie qui plaque tout ce qui a un poids sur la terre, avec une vitesse infinie !

Transmutations

Les électrons deviennent protons. *Les électrons ne sont pas des particules,* ils forment un courant, un ruisseau qui va ; éternellement ; l'origine remonte à l'expansion infinie et aboutit à un arrêt qui s'appelle proton — l'électron aussi est un arrêt, comme un arrêt d'autobus ! Et entre l'électron et le proton il y en a bien d'autres, tous les mésons. Yukawa a eu le prix Nobel pour son neutrino, mais le neutrino est déjà nié, il n'existe plus ! En somme, Yukawa a gagné son prix Nobel sans rien dire, car le neutrino, c'était un mensonge ! Tout continue, tout continue, depuis les électrons jusqu'aux photons, puis tout s'en va.

Pourquoi serait-ce impossible que les électrons négatifs deviennent positifs ? Si yin ne devient pas yang qui deviendra yang ? et d'où viendra yang ? Si les grandes maisons ne se construisent pas avec de petites briques, comment les fera-t-on ? Si les écoliers étaient très savants, comment les instruirait-on ? Ils sont tous ignorants, innocents, c'est pourquoi ils grandissent ! Et les pauvres sont les mieux placés pour devenir millionnaires ! Si vous en voyez qui restent pauvres, c'est leur faute, c'est leur volonté : ils ont renoncé, ils se sont résignés. C'est le plus obscur qui devient le plus puissant : voyez Disraéli, le plus grand ministre, dont l'Angleterre fête encore à présent l'anniversaire : c'était un étranger, émigré à Londres, petit Juif sans nom. Le plus grand vient toujours de l'origine la plus basse, sans quoi Dieu ne serait pas juste !

L'expansion infinie est la justice absolue. Tout suit la loi yang, yin, yang, yin, etc... Ainsi, les électrons deviennent protons et noyau, comme les planètes deviennent les soleils.

ANNEXE IX

(Voir l'ère atomique et la philosophie d'Extrême-Orient)
(Vrin éd.)

Tout est créé en spirale

— Pourquoi ne parle-t-on jamais que des spirales centripètes puisqu'il y a aussi des spirales centrifuges ?

— C'est qu'on ne voit pas les spirales centrifuges ! Si la spirale n'est pas centripète, qu'est-elle ? Qu'est-ce qu'elle devient ? Tout disparaît, alors on ne voit rien, elle s'évanouit : voilà la spiritualité. Il y a toujours deux spirales, yin et yang, mais yin ne se voit pas, tandis que nous voyons yang, la matérialisation, et nous nous y attachons.

Si vous feuilletez un ouvrage de cristallographie, vous ne verrez que spirales ! Dans toutes les formes, partout, mais toujours centripètes. Faites cristalliser de la paraffine fondue, elle forme des spirales ; le blanc d'œuf, l'albumine, en se désséchant donne spontanément des spirales, c'est la spirale naturelle de la protéine ; si vous regardez au microscope électronique de la matière plastique — polyéthylène — vous verrez ses pirales carrées.

TOUT au monde est en spirale, vous-mêmes, vousl'êtes, vous le voyez à l'implantation de vos cheveux au sommet du crâne, à la pulpe de vos doigts, sous la sole de vos pieds ; et plus vos spirales sont parfaites plus vous êtes parfait ! Cela dépend de votre mère. Des biologistes ont étudié au microscope électronique la structure des muscles, l'utérus, les parois de l'intestin, tous sont en spirales plus ou moins complexes.

L'eau qui s'enfuit par n'importe quel entonnoir tourbillonne, le sens de la spirale dépend de l'hémisphère dans lequel vous vous trouvez.

Si vous avez observé un groupe d'enfants qui jouent à la ronde, vous avez vu que leur rond se resserre sans cesse, ils sont tout le temps obligés de s'écarter à nouveau pour corriger ; si vous leur bandez les yeux ils iront tous s'amasser au centre.

Les escargots, tous les coquillages sont en spirale, les feuilles des arbres, les algues poussent en spirale. Et les mouches qui meurent après avoir bu quelque poison tournent, tournoient, à toute vitesse, sur elles-mêmes avant de mourir. Et les oiseaux ne descendent jamais directement sur la terre, mais font de grands cercles ; et les planètes aussi accomplisssent leur voyage en spirale. Derrière l'avion, la voiture, se forment des spirales : alors on construit la queue ou l'arrière de façon à neutraliser ou utiliser ces tourbillons.

Tout cela à cause de la spirale universelle. Les Romains, dont les monuments ne portent jamais de spirale, ignoraient cette clé de l'univers, mais les peuples celtiques la connaissaient. Elle est formée par les deux forces antagonistes yin et yang !

Il y a toujours des spirales centripètes et des spirales centrifuges relatives, mais rien n'en reste, tout s'en va, c'est leur nature même. Par la spirale centripète tout se condense, se consolide, s'alourdit, c'est la naissance de la matière. Par la spirale centrifuge tout fuit, c'est l'expansion.

Peut-être connaissez-vous cependant quelques spirales centrifuges ?

— Connaissez-vous le typhon ? Mais c'est la mort.

— On a réalisé une très puissante spirale centrifuge : c'est le cyclotron. Voilà l'Occident ! Il aboutit à la réalisation de ce rêve, lui qui n'a toujours qu'une vue égocentrique du monde, il arrive au cyclotron !

— Il y a aussi les astronomes qui disent que l'univers est en expansion. C'est vrai. Mais comment ? pourquoi ? Ils ne l'expliquent pas, ils ne peuvent pas. Ils considèrent que toutes les spirales du ciel sont centrifuges, que les planètes viennent du soleil, ce seraient les résidus d'une formidable explosion, voilà leur expansion, et tous les occidentaux le croient. Mais quelle explosion ? L'explosion de quoi ? C'est une des grandes contradictions de l'Occident.

— Certains accomplissent dans leur vie la spirale centrifuge, partant de la puissance matérielle, de l'argent, etc., ils vont vers l'infini. Mais ils sont si peu !

— Les radiations des atomes appartiennent à des spirales centrifugent, et la bombe atomique aussi : là, le lien est coupé entre yin et yang, le courant électronique brutalement interrompu, et c'est une formidable explosion, tout s'en va, désintégré.

J'ai vu un ouvrage occidental d'ethnographie : une grande spirale représentait l'évolution de l'histoire de l'homme. Au centre était la famille, puis le village, les villes, les pays, le monde ; et notre civilisation se trouvait à l'extrême bord de cette expansion. C'est le contraire ! Notre antiquité était très vague, très peu matérielle, plutôt spirituelle : on croyait. Puis on a trouvé le feu qui accélère tout, et l'on en est venu à la civilisation moderne.

On voit la même erreur dans la spirale des éléments : on pose H au centre, puis on déroule la spirale en y plaçant des éléments de plus en plus lourds : He, Li, Gl, B, etc... et les uraniums sont à l'extrémité. C'est impossible !

La spirale centripète, c'est le symbole de la civilisation occidentale, qui aboutit à la bombe atomique. La spirale centrifuge c'est la civilisation orientale, spiritualiste ; vous voyez cette spirale partout. Mais vous l'avez connue : tous les monuments celtiques la portent. Il n'y a dans tout l'univers que des spirales et il y a toujours yin et yang, la double spirale, l'une s'enroule, c'est la matérialisation, l'autre se déroule, c'est la dématérialisation ou spiritualisation. C'est pourquoi les églises sont tranquilles, froides et bleuâtres, pour accélérer la spiritualisation, si elles étaient claires, rouges, orangées, vous vous mettriez à danser au lieu de prier !

L'Aikido aussi est centrifuge : c'est pourquoi il est si fort.

Allez au bord d'une rivière, vous verrez beaucoup de spirales partout où il y a collision de l'eau dont les molécules se hâtent, avec les pierres ou les bords. Yin et yang produisent toujours la spirale centripète, cependant rien n'est encore séparé, les antagonistes s'entremêlent toujours, les deux spirales se glissent l'une dans l'autre : elles sont le dos et la face.

ANNEXE X

Le Dr Schweitzer
représente-t-il la mentalité occidentale?

— Partez tout de suite, partez tout de suite...

Cette voix forte, autoritaire, affolante, retentit dans mon oreille encore aujourd'hui quoique je l'ai entendue il y a peu de temps encore.

J'étais à cette époque à Lambaréné.

Je suis arrivé là avec ma femme par avion de Brazzaville en octobre 1955. Je suis reçu très fraternellement par Mlle Emma qui collaborait avec le Dr Schweitzer depuis le commencement. Elle était travailleuse et courageuse. Mais elle était dans un état lamentable au point de vue physiologique, trop engraissée. Ma femme travaillait tous les jours dans la cuisine avec des cuisiniers noirs et une demoiselle blanche. Ils transpiraient énormément et ils buvaient autant. Ma femme ne transpirait pas, malgré la chaleur africaine. Je vous laisse libre d'imaginer combien il fait chaud là-bas. L'air est humide et le soleil si chaud. Tout le monde se couche tôt et fait la sieste. On ne sort pas le soir. Mais j'ai travaillé à peu près vingt heures par jour et dans la nuit à partir de 2 heures du matin sous une lampe à pétrole.

Lambaréné est un petit village-hôpital avec une population d'environ 700 personnes dont une quarantaine de blancs, le personnel de l'hôpital ; tous les autres étant des malades.

Lambaréné, c'est un paradis. Les indigènes ne connaissent pas l'agriculture, ils pêchent dans la grande rivière, ils chassent des singes, des boas, des cochons sauvages, des éléphants, des antilopes, etc., dans la jungle. Après le dîner de manioc sauvage, quand il fait nuit, ils se couchent tout de suite puisqu'ils n'ont pas la lumière électrique ni gaz. La vie c'est la chasse dans la jungle ou la pêche dans la grande rivière. Tous les jours, ils ne travaillent pas, ils s'amusent. Ils sont pauvres mais cela ne fait rien. C'est un véritable paradis.

Mais j'ai vu le dos de ce paradis : « plus grande la face, plus grand le dos », «plus grande la facilité, plus grande la difficulté ». Le paradis dans ce monde relatif a son dos. Et j'ai vécu le paradis et l'enfer de Lambaréné ; l'enfer le plus terrible dans ce monde.

La verdure flamboyante et la grande rivière, qui coule jour et nuit, sans bruit, si grande qu'il faut compter au moins une demi-heure pour la traverser en pirogue ; si rapide qu'on ne peut jamais la traverser perpendiculairement.

Dans l'hôpital, nous mangeons avec une quarantaine de blancs. La nourriture de l'hôpital est quelque chose de formidable pour nous deux. Pour le petit déjeuner : du miel, de la mélasse, de la confiture, du café ou thé au lait en poudre. Le sucre est à volonté. Des fruits en abondance. Tout est importé d'Europe, sauf les fruits. On prend à peu près 1 à 2 kg de sucre par mois et par personne. A midi, cuisine alsacienne, le soir aussi. Toujours avec beaucoup de fruits (mangues, papayes, bananes, oranges, etc.), tous extrêmement Yin. Quelquefois des pâtisseries.

Je dois tout accepter. J'accepte tout ce qu'on me donne. Mais je ne prends pas de sucre, miel, confiture, etc. En quelques semaines, je commence à ressentir des maux : mal aux dents, congestion au cou, fatigue des yeux, diarrhée, urétrite, mal aux reins, tout s'aggrave... de jour en jour.

Ma femme observant les directives élémentaires macrobiotiques, ne veut pas prendre de fruits, ni de ce qui est doux ou sucré, ni de produits animaux (viande, lait, etc.), elle se nourrit seulement avec cent ou deux cents grammes de riz blanc et une vingtaine de grammes de salade ou une cinquantaine de grammes de légumes cuits et de sel. Elle ne boit qu'un verre de liquide par jour.

Je me nourris comme tous les blancs sauf le sucre. Mais je marche tête nue et pieds nus comme les noirs. Tous les blancs sont cuirassés : casque tropical sur la tête, bas remplis d'iodoforme (quelques-uns ont un double bas), chaussures, etc... De plus, des pilules.

Tout le monde me gronde puisque je marche pieds nus, tête nue, et que je ne prends pas de pilules.

Mais je ne peux pas me cuirasser comme ces blancs puisque des millions de noirs sont pieds nus et tête nue, et même le corps à moitié nu. Ils sont pauvres. Leur nourriture coûte un dixième du repas des blancs. Si l'on ne peut pas donner le casque tropical, quelques paires de bas, et des chaussures aux millions de noirs, je dois aussi marcher pieds nus et tête nue. Je dois leur montrer comment on peut se bien porter et guérir toute maladie sans aucun instrument artificiel sous ce climat africain dans la jungle.

Je voulais me nourrir comme les indigènes. Mais c'est impossible. Ils ont un tabou extrêmement strict : ne pas partager le manger, ne pas manger les aliments préparés par d'autres. Cette manière de vivre est doublement idéale : physiquement et moralement. L'aliment principal est le manioc (une espèce d'igname dont on fabrique la farine de tapioca) tous les jours et tous les mois ; mais en janvier seulement, des bananes vertes qui sont amères ou astringentes (ils ne mangent pas de bananes douces « elles sont pour les blancs »), 5 à 10 % d'herbes sauvages, 2 à 3 % de viande (de singe, de boa, d'éléphant, d'antilope ou de poisson sec ou fumé). Ils ne mangent pas beaucoup de fruits puisqu'il n'y a pas de plantation, et les fruits sauvages dans la jungle ne sont pas en abondance. Les fruits étant peu calorifiques, ils ne peuvent servir d'aliment principal pour nourrir un peuple. Au point de vue calories, cela représente moins de un pour cent. Les bananes, les papayes, les mangues, les noix de coco, etc., étant tous transplantés depuis une trentaine d'années, ne sont pas des aliments principaux. Ils sont plutôt de luxe. Les indigènes sont trop pauvres pour les acheter. Ils ramassent tous ces fruits tombés dans la jungle. Ils boivent de l'eau de pluie (car il n'y a ni puits, ni source et la rivière est salie des saletés venant de l'hôpital, du pus et du sang). L'alimentation indigène et celle des colonisateurs sont tout à fait opposées. L'alimentation des colonisateurs, y compris le personnel de l'hôpital, comprend plus de deux cents variétés d'aliments tandis que celle des indigènes n'en comprend que 5 ou 6 (80 à 90 % de manioc). Elle est donc très macrobiotique (bien que le manioc soit très Yin, il peut être l'aliment principal le plus normal sous ce climat si Yang). Les indigènes doivent être très bien portants, en réalité, ils le sont. Exemple : les Bantous, qui se nourrissent de façon extrêmement pauvre en comparaison des Européens et des Américains, sont incomparablement plus sains que ceux-ci. (D'après l'exposé du Dr A.R.P. Walker, à Johannesbourg, à la « Nutrition Conference » organisée par la New York Academy of Sciences au commencement du mois de mars 1957.)

Les Gabonnais aussi étaient et sont encore aussi bien portants et résistants que les Bantous sauf ceux qui sont « civilisés » par la civilisation occidentale, c'est-à-dire qui consomment du vin, du sucre et du lait condensé et sucré de fabrication française. Avant l'importation de la civilisation occidentale, et l'arrivée des colonisateurs-exploiteurs, tous les indigènes de l'Afrique étaient bien portants, bien plus que les occidentaux dans leurs pays. Ils jouissaient de toute la joie de vivre dans la vaste jungle, de la liberté infinie puisqu'il n'y avait aucune « loi » fabriquée par le plus fort. Ils ont été paisibles, honnêtes, courageux, aimables, acceptant tout ce qu'on leur donnait, donnant tout ce qu'on leur demandait. Si vous voulez le vérifier, vous n'avez qu'à lire « L'Afrique Noire » de Stanley, ou les livres du Dr Livingstone.

Les Africains comme les Asiatiques donnent tout et acceptent tout : leurs ressources, la terre, les produits, la main-d'œuvre, même leur pays et abandonnent toutes leurs traditions pour y substituer la manière de vivre et de penser occidentale. S'ils ont perdu leurs qualités, ce sont les occidentaux qui en sont responsables. (Lisez bien « La Mentalité Primitive » de Lévy-Bruhl).

Les Gabonnais, comme tous les autres noirs, ont été et pourraient être heureux, bient portants et aimables, si les blancs n'importaient pas l'alcool, et le sucre « chimique » capitaliste industriel. Ils ne connaissaient pour ainsi dire pas la maladie ni la lèpre. Cela vous paraît peut-être incroyable, mais j'ai guéri pas mal de noirs souffrant de maladies dites « incurables » en leur faisant simplement supprimer l'alcool, le sucre et le sucré. C'était « miraculeux » pour les noirs. Le nombre des malades qui venaient me voir augmentait de plus en plus. Quand j'ai quitté l'hôpital, il y avait plusieurs noirs qui sont venus me dire « Au revoir », les larmes aux yeux. Et quand je restais dans la Mission Protestante, à deux kilomètres de l'hôpital, le nombre des malades qui venaient me consulter augmentait de plus en plus. Il y en avait plusieurs qui venaient de loin, de plusieurs centaines de kilomètres, par pirogues, chaque jour. J'étais obligé de déclarer que je ne les recevais plus. Je craignais que tous les malades ne viennent me voir au lieu d'aller à l'hôpital du Dr Schweitzer.

Vous qui connaissez le Principe Unique pouvez imaginer combien il est dangereux, pour un étranger, de se nourrir à la mode des « civilisés » et de ne pas prendre de pilules, de ne pas coiffer sa tête avec un casque et de marcher pieds nus dans la jungle africaine. C'est un pays extrêmement chaud et humide, où la verdure est donc flamboyante ; c'est-à-dire un pays où toutes les moisissures, les microbes et tous les virus comme tous les petits animaux Yin : les moustiques et les mouches, les poux, les fourmis, végètent en abondance. Marcher pieds nus dans la jungle, c'est naviguer sur des mines sous-marines : filaires, chiques, spirochètes...

C'est un véritable enfer de maladies terribles où l'on n'est qu'une proie pour nourrir ces êtres microscopiques.

Dans le deuxième mois, mon état général s'aggrava, surtout l'urétrite. Naturellement, c'est à cause de la nourriture européenne avec tant de fruits tropicaux, extrêmement Yin. Les Européens ne peuvent pas rester plusieurs années en Afrique noire sans médicaments, malgré leurs précautions et préventions. Même le Dr Schweitzer ne reste pas toujours. Même le personnel si courageux de l'hôpital (dont la majorité est féminine, avec seulement 4 ou 5 hommes) ne reste pas plus de 2 ans de suite, sauf 2 ou 3. Tous, ou presque, sont plus ou moins souffrants. Les 2 médecins sont les plus maladifs.

Enfin je suis attaqué par les filaires et les chiques, en même temps, et par les spirochètes des ulcères tropicaux, qui sont mille fois plus terribles que la lèpre. Le parasite filaris attaque ma tête. Mon visage, ma tête sont complètement gonflés et déformés. Chose curieuse, ils ne produisent aucune douleur. Mais les chiques pénètrent sous les ongles, y pondent des centaines d'œufs et provoquent des lésions douloureuses.

Les spirochètes creusent la peau partout et produisent de nombreuses tumeurs de 2 à 3 cm de diamètre, au commencement, et de 30×30 à la fin, hautes de 1 à 2 cm, remplis d'un liquide violet-noirâtre. Dans ces tumeurs, une fois écrasées, on trouve un creux très profond, parfois les os blancs apparaissent, le sang, le pus et le liquide qui sortent de ces creux sont extrêmement répugnants. Toute la chambre devient empestée de cette odeur. La douleur est insupportable. En 4 à 5 semaines on meurt, le corps couvert d'ulcères. Avec la lèpre, on peut vivre des années, quelquefois une vingtaine, même une trentaine, et la douleur est inexistante.

Si vous voulez connaître un peu plus profondément cette maladie, vous n'avez qu'à lire les pages 209 à 211 de la « Médecine Tropicale » (3ᵉ édition française) par le

Dr Clément Chesterman, ancien directeur de l'Hôpital Baptiste, Congo Belge. La réalité dépasse la description de cette maladie.

J'avais jeûné les mois d'août et de septembre 1955, pendant lesquels je voyageais de Dar-es-Salaam, par Mombassa - Nairobi - Kampala - Stanleyville - jusqu'à Léopoldville, environ 5.000 km, toujours soignant des malades. J'étais encore très faible quand je suis arrivé à Lambaréné en octobre. L'alimentation extrêmement Yin de l'hôpital m'affaiblit très facilement puisque je n'étais pas encore bien rétabli après 60 jours de jeûne, mais je n'ai jamais cessé mon travail.

Le 4 janvier 1956, je suis atteint de chiques au petit doigt du pied droit. Cela fait mal. Je continue mon travail, jour et nuit.

Le 11 janvier, la douleur au petit doigt devient insupportable. Je ne peux plus continuer mon travail : taper le manuscrit de « La Philosophie de la Médecine d'Extrême-Orient ». (éd. Vrin).

J'abandonne mon travail et me couche au lit comme Jotsna me le demande. C'était vers 8 heures du soir. Je dois finir mon travail avant le soir du 13 au plus tard.

Au lit, la douleur augmente. De plus, crampes au cou, aux mains et aux jambes. Ah ! le tétanos ? Je me le demande. Il y a 3 jours, de 2 à 4 h. dans l'après-midi, lorsque tout le monde faisait la sieste, j'ai nettoyé la boue derrière la cuisine. C'était très sale, ensuite, le jardin, toujours pieds nus ; est-ce le tétanos ?..

Mon petit doigt a doublé de volume, sa couleur est violette. La douleur devient de plus en plus violente. Je dois couper le petit doigt ; avec quoi ? Je dois demander l'opération au Dr P. ? Mais l'hôpital est loin. Jotsna ne peut y aller toute seule. Personne ne peut la conduire par pirogue en remontant le grand fleuve si rapide, il est minuit passé...

Dois-je attendre le matin ? C'est trop long, et qu'est-ce que je pourrais faire le matin ?

Oh ! quelle douleur !... Cela dure plus de 4 heures.

Je me tourne de tous côtés. Je ne peux rester un instant dans la même position, je deviens fou !

Jotsna prépare un cataplasme noir de « Dentie » et elle l'applique à mon petit doigt avec un pansement. Je la laise faire puisque je ne sais quoi faire...

Chose curieuse... je m'endors... fatigué, épuisé ou bien parce que la douleur va disparaître ?

Lorsque j'ai un mal quelconque, je me couche. C'est mon habitude. Et je m'endors tout de suite, puisque je ne dors que 4 heures par 24 heures. Je peux toujours dormir, n'importe où en 2 ou 3 minutes. Et si je dors, mon mal disparaît tout de suite. Dormir est mon meilleur remède. Dormir, c'est rentrer dans le septième ciel absolu en quittant les six cieux relatifs d'après notre cosmologie. Je crois qu'un sommeil de plus de 6 heures est une paresse. Dieu travaille jour et nuit. Si le fils de Dieu s'est permis de dormir, c'est seulement un sixième ou un septième de son temps de travail, pas plus. J'avais essayé de ne pas dormir une fois, il y a à peu près huit ans. J'ai pu travailler sans dormir pendant 57 jours en traduisant un livre anglais extrêmement difficile « The Meeting of East and West » (Prof. Northrop). L'original avait 500 pages, et mes manuscrits : 2.000 pages. Naturellement, je me nourrissais d'une préparation culinaire tout à fait spéciale.

Depuis l'âge de 20 ans, je dormais de 21 h. à 3 h. ; depuis l'âge de 50, de 22 h. à 2 h., en principe ; j'espère dormir encore moins maintenant, après 70 ans.

Le 12 janvier, je suis réveillé à 2 heures. Je ne sens plus de douleur... Le tétanos est-il disparu ?

Je saute de mon lit et je me mets à table pour rattraper le temps perdu. Mais je ne peux pas marcher sans douleur.

A 6 heures, Jotsna se réveille. Elle est stupéfaite de me voir travailler.

Mais ni moi, ni Jotsna ne savions que la douleur d'hier était le prélude aux terribles ulcères tropicaux...

Il fait beau, comme tous les jours à Lambaréné. La pauvre chambre de la vieille chaumière où le Dr Schweitzer a débuté dans son travail il y a plus de 40 ans, commence à s'éclairer malgré son toit très bas. J'examine mon petit doigt qui m'a tant tourmenté hier soir. Jotsna me supplie de ne pas le toucher. Mon petit doigt a triplé ; il est comme un ballon. Je prends une épingle et le perce. Le liquide sale jaillit. Cela me soulage beaucoup. Mais je ne peux encore ni me tenir debout ni marcher. Le poids de mon corps une fois debout presse tous les capillaires gonflés de la jambe droite et donne une sensation d'éclatement.

Je couvre mon doigt gonflé et très sensible avec une large feuille d'herbe. Je porte une pantoufle pour le cacher. Je marche sur le talon, péniblement, traverse le jardin et arrive à la Grande Maison en briques du Pasteur où habite toute sa famille, pour prendre mon petit déjeuner. Il faut monter au premier étage qui est très haut. C'est très difficile.

Le pasteur et sa femme me demandent « Qu'avez-vous ? »

— Ce n'est rien, une petite blessure... ou un traumatisme.

C'était ce que je pensais.

Le 13 janvier. Une dizaine de nouvelles tumeurs ballons. Je les écrase, je mets du sel et frotte. Cela fait mal. L'ancienne porte un furoncle. Je l'enlève et j'y trouve un creux.

— Est-ce une maladie particulière de ce pays ? Je me le demande. Mais je n'en sais rien. Le travaille me presse. Je me dépêche. Je dois finir mon travail ce soir et dois relire toute la nuit pour l'envoyer demain matin très tôt au Dr. Schweitzer pour fêter son anniversaire.

Après 9 heures jusqu'à midi et de 2 à 5 dans l'après-midi, je dois recevoir des noirs malades, comme toujours. Je travaille comme un fou. Jotsna s'occupe de nettoyer de vieux journaux japonais trempés de pus, de sang, et de vieilles serviettes que j'emploie comme coton, des gazes et des pansements. Elle jette les vieux journaux et lave les vieilles serviettes déchirées.

Le 14 janvier je demande à un étudiant noir de l'école annexe de la Mission d'apporter mon livre « La Philosophie de la Médecine d'Extrême-Orient » au Dr Schweitzer. Et je suis libéré de mon travail de 90 jours.

Le temps passe.

Tous les jours, de nouvelles tumeurs. Les doigts des deux pieds sont gonflés comme des ballons de caoutchouc. Les pieds, les jambes, les mains, es bras et les jambes, sont couverts de furoncles et de nouvelles tumeurs. Et la chambre tout entière est remplie d'une odeur répugnante.

Mais dans la journée, ce sont des malades noirs qui m'importunent. Et je dois écrire et je dois lire. Mais mon urétrite s'aggrave. Je ne peux pas m'empêcher d'uriner toutes les 2 heures. Le temps est de plus en plus chaud. Les deux institutrices nous invitent au dîner de temps en temps. C'est la saison de sécheresse. Les moniteurs noirs me demandent des cours de philosophie et de médecine le soir. Je dois aller trois fois par jour à la Grande Maison du Pasteur pour manger. Jotsna est très occupée dans la cuisine à révolutionner la famille du pasteur dont tous tous les membres souffrent : le pasteur souffre du cœur et de la chute des cheveux, sa femme qui est hospitalisée de temps à autre est très irritée, nerveuse et fatiguée ; sa fille aînée (7 ans) souffre de la vue ; la deuxième (5 ans) de la poliomyélite ; la dernière (4 mois) est sans appétit, vomit le lait condensé et crie tout le temps. Etc., etc., etc.

Stupéfaction. Je trouve un jour que ces ulcères sont des Ulcères Tropicaux. Je dois mourir dans quelques semaines. Une semaine est déjà passée... Mais je dois confirmer la description de la « Médecine Tropicale » du Dr Chanterman. Je ne dois pas la guérir sans examiner tous les détails de la maladie jusqu'à la fin. Autrement je ne serais pas qualifié pour soigner mes amis noirs.

La deuxième semaine, la maladie s'aggrave sinistrement.

La troisième...

La quatrième semaine, la douleur extrême me ronge tout le corps. Je ne peux plus dormir la nuit... Je ne peux plus recevoir mes amis noirs. Je ne peux plus marcher... Je ne suis plus qu'un cadavre vivant rongé, creusé et déformé par des microbes invisibles. Mon corps est une boule de chair pourrie, couverte de pus et de sang, d'où émane une odeur repoussante. Tous mes ongles des deux pieds sont tombés.

Le 28 janvier, à minuit, un gros rat ronge mon pied. Il le prenait pour un morceau de viande pourrie.

C'est le moment de commencer à me sauver. Autrement les rats rongeront toutes mes jambes, et des serpents et des boas viendront partager et avaler le reste de mon corps. Je les entends chaque nuit...

Je ne peux pas mourir. Je dois sauver des millions et des millions de nos frères et sœurs noirs.

Les ulcères tropicaux étant une maladie extrêmement yin on n'a qu'à diminuer tout ce qui est Yin dans et par l'alimentation. La nourriture de la Mission Protestante est beaucoup plus pauvre en comparaison avec celle de l'hôpital. Et depuis le 1ᵉʳ janvier, Jotsna a changé toute l'alimentation de la maison du pasteur. Mais malheureusement, il n'y a pas de riz non décortiqué. Elle doit faire éplucher aux garçons-étudiants les pauvres paddys indigènes grain par grain à la main. Cela prend toute la journée pour obtenir une petite quantité de riz non décortiqué suffisant pour nourrir Christine.

Nous n'avons aucun aliment normal. Si nous allons jusqu'au petit village voisin par pirogue en montant ou en descendant la grande rivière fleuve, il nous faudra une demi-journée au moins. Et on n'y trouve que quelques conserves ou pommes de terre importées de France par avion.

Rien d'autre.

Heureusement, un petit paquet arrive de New York par avion. Une de mes anciennes étudiantes qui se trouve là-bas m'a envoyé un kilo de riz non décortiqué grillé et quelques graines de « Umébosi » (prune japonaise, conservée avec du sel pendant plus de dix ans). Yin s'accompagne de Yang. Après la pluie, il fait beau temps. La souffrance n'est autre chose que le commencement de la joie.

Je décide de me sauver en 10 jours. Qu'est-ce que vous feriez à ma place ? Vous êtes dans la jungle. Il n'y a aucune pharmacie, ni épicerie, ni médicament. Ni eau de robinet, ni électricité. Ecrivez sur une feuille de papier votre réponse tout de suite, et ensuite lisez le reste. Ainsi vous apprendrez quelque chose. Vous sonderez votre compréhension du Principe Unique, le dévoilement du jugement suprême.

Le 29 janvier. Je décide de ne plus boire d'eau, pas une seule goutte. Je prendrai un verre de riz non décortiqué grillé. Le soir, Jotsna met une centaine de grammes de riz dans une verre ordinaire et y verse un petit peu d'eau bouillante. Le lendemain matin, l'eau a complètement disparu. Je le mange dans la matinée avec un grain de « Umebosi ». C'est tout pour toute la journée.

Avant le coucher, je prends plusieurs dizaines de grammes de sel. Et je ne bois pas de toute la journée. Rien d'autre.

Jotsna est aussi atteinte. Tous les deux jours, elle enlève des centaines d'œufs de chiques sous ses ongles. Elle est atteinte aussi d'ulcères tropicaux. Deux ou trois ulcères aux mains. Mais il est écrit dans la « Médecine Tropicale » du Dr Chesterman que la femme est immunisée contre cette maladie. Ce n'est pas vrai. Je crois que vous comprenez pourquoi.

Le sel, c'est la vie, c'est la vitalité.

Le taux de K/Na intra-inter-cellulaire.

Du 1ᵉʳ au 3 février, j'étais complètement immobilisé et je pensais tant de choses... Mais combien j'aurais été heureux si quelqu'un m'avait envoyé un paquet de « Tekka » ou de « Miso »... Il est extrêmement difficile d'assimiler le sel. Le sel introduit en quantité dans les canaux intercellulaires ne suffit pas pour changer le taux de K intracellulaire. C'est d'ailleurs pénible.

Ah ! « Tekka » ! « Miso » ! « Kinpira » !... et « Dentie » !..

J'ai pensé tant de choses. J'ai écrit une centaine de pages en japonais, comme si c'était mon testament... C'est dommage que je n'aie pas eu le temps de les traduire.

Après tout, sans souffrir cette douleur et angoisse des ulcères tropicaux, sans être couvert de pus et de sang, et sans être rongé vivant par un rat, sans être plongé dans la profondeur de cette odeur répugnante, vous ne saurez pas dire si vous avez de la sympathie ou de la pitié « sentimentale » vis-à-vis des noirs. Dr Schweitzer le sait.

Mais avoir cette douleur ne suffit pas. Eviter cette maladie par un instrument ou l'autre est la lâcheté même ! Ce n'est pas permis pour un homme sincère. A plus forte raison pour un « Samouraï » ! Il faut la traverser et la conquérir sans tuer les microbes. C'est-à-dire qu'il faut faire vivre tranquillement les microbes. Tuer pour se défendre n'est pas permis et ce n'est pas la justice. Si vous êtes tué en observant la constitution de l'univers, c'est dire que vous êtes un simple daltonien qui n'a pas la vision. Vous vous êtes tué ou vous étiez déjà mort. Vous n'êtes qu'un « jambon pourri ». Vous ne méritez pas la vie, cette grandiose joie : Eden...

Depuis le 30 janvier, je n'ai plus de nouvelle tumeur. Les ulcères se sèchent de jour en jour. De même, la douleur... Les ulcères sont conquis. La maladie est terminée. Les microbes quittent mon corps tranquillement. Qu'ils sont sages !

Le 4 février, 4 heures de l'après-midi, on crie d'une haute voix qui retentit dans la jungle tout entière :

— Grand Docteur ! Grand Docteur !...

Je me lève du lit. Je vois au loin, en bas, dans le grand fleuve, une pirogue qui descend. C'est le Grand Docteur qui vient ! Mais je ne peux pas descendre jusqu'à la plage pour le recevoir. La descente est trop rapide et trop longue pour moi.

Tout le monde coule vers la plage, les étudiants, les étudiantes, le Pasteur et sa femme... La pirogue arrive, conduite par des noirs lépreux. Le Grand Docteur descend avec sa femme.

Quelle honte ! Je ne peux même pas sortir de la chaumière !

Le Grand Docteur visite la vieille chaumière et il crie :

— Montrez-moi vos ulcères, d'une voix impérative.

— Ce n'est rien, Monsieur le Dr Schweitzer...

— Montrez-moi vos ulcères...

Je ne peux pas me sauver. Je lui montre mon pied droit qui est moins touché ou plutôt plus soulagé.

Le Docteur ne dit rien. Il regarde mon pied. Il ne le touche pas.

— Vous devez partir tout de suite, dit-il brusquement après un silence complet.

— On ne peut pas guérir, Dr Schweitzer ?

— Impossible ! Partez tout de suite !

Stupéfié, je ne sais pas quoi dire. Je cherche des mots inutilement.

— Mais...

— Impossible ! Partez tout de suite ! répète-t-il plus fort.

— Mais vous pouvez m'enseigner comment guérir cette maladie, n'est-ce pas ?

— Non ! C'est impossible ! D'ailleurs, vous ne pouvez pas rester ici plus longtemps ! La Mission est pauvre !

— Mais je suis venu pour montrer comment guérir la maladie par...

— Non ! C'est impossible ! Vous ne savez rien de cette maladie. Vous croyez que vous avez appris beaucoup de choses ici. Mais ce que vous avez appris est infime en comparaison de ce que vous ne savez pas. L'Afrique est grande. Vous n'avez qu'à partir tout de suite !

Chaque fois que je commence à parler, mes mots, ma voix, sont écrasés, foudroyés. Je ne peux plus continuer. Je m'efforce de mon mieux.

— Mais, je... dois... guérir...

— Impossible ! Partez tout de suite ! PARTEZ TOUT DE SUITE !

— Il n'y a aucun moyen de guérir, Dr Schweitzer ?

— Non ! c'est impossible !

— Bon... alors, je guérirais moi-m...

— Non ! IMPOSSIBLE « PARTEZ !

— Non ! Il n'y a rien à faire ! Vous n'avez pas observé mes directives depuis le commencement. Tout le monde les observe... Il faut porter des double-bas remplis d'iodoforme.

Il commence à prêcher. Etant très Yin par naissance, je

me tais. Je l'écoute. Un long sermon... Chaque fois que je commence à riposter, je suis foudroyé. Je voulais dire que l'on doit enseigner à des millions de noirs comment ils peuvent bien se porter comme leurs père sans médication et comment se guérir eux-mêmes sans aucun médicament puisqu'ils sont pauvres. Mais c'était tout à fait impossible. J'aurais aimé que le Docteur apprenne que tous les noirs ou presque rencontrés, soit dans l'hôpital, soit en dehors, sont plus ou moins contre lui. Ils se révoltent. Puisque le nombre des malades augmente de plus en plus. Tous ceux qui sont une fois hospitalisés ne peuvent plus être libres de toute leur vie. On ampute, on mutile. Plusieurs sont hospitalisés plus de 3 ans, 5 ans, 7 ans... Ils ne peuvent plus sortir.

En vain. Il n'y avait rien à faire avec mon pauvre français.

En partant, le Docteur répète encore une fois « *Partez tout de suite !* » Mais premièrement, je dois me guérir. Je ne peux pas marcher. Mais vraiment dois-je partir ? Je suis venu pour lui expliquer la médecine et la philosophie d'Extrême-Orient puisqu'il est considéré comme « L'Homme du Siècle ». Il est le plus grand pacifiste. Il insiste sur le respect de la vie, il n'aime pas tuer, même un microbe... S'il comprend le Principe Unique de la constitution de l'univers, il pourra sauver le monde. Je dois tout lui donner. Oui, s'il me le permet et me le demande, je resterai toute ma vie à Lambaréné...

Pour réaliser ce rêve, je suis venu après avoir traversé mille difficultés insurmontables, risquant ma vie à plusieurs reprises et dépensant plusieurs millions de francs. C'était presque l'impossible...

Alors que j'étais perdu dans la profondeur de ma stupéfaction et de ma pensée triste et solitaire, la voie de Jotsna m'ébranle :

— « Impossible » ? Il a dit à plusieurs reprises « impossible », n'est-ce pas ? C'est vrai ?

— Tu as entendu ?...

— Alors, nous n'avons qu'à lui montrer notre guérison

complète. Il verra, il nous demandera comment nous avons guéri cette maladie « impossible à guérir », et il comprendra... Il n'a pas lu ton livre ?

— Si, il a dit qu'il a lu tout...

— Et alors, il n'a pas critiqué ?

— Il n'a pas compris, il me semble, d'après son attitude et ses dires...

— Alors nous n'avons qu'à lui montrer notre guérison complète. N'est-ce pas ? Ce n'est rien, ces ulcères tropicaux. Tu vas mieux et moi aussi. Pourquoi ne peut-on pas guérir ? « *Tout ce qui a un commencement a sa fin* », n'est-ce pas ?.. On n'a qu'à guérir. La réalité est la plus forte. S'il ne comprend pas ton pauvre français, il comprendra ta guérison. Tu n'as pas perdu ton courage ?

— Oui, c'est vrai. Nous n'avons qu'à montrer. La réalité expliquera mieux que mon français...

— Le personnel de l'hôpital n'a pas compris ni ne s'est intéressé à la médecine et à la philosophie d'Extrême-Orient. Mais le Grand Docteur comprendra. Il doit comprendre. Et s'il comprend, nous travaillerons jusqu'au bout, ici. Oui, je travaillerai dans la cuisine avec ces pauvres malades malheureux. Ils commencent à voir avec curiosité cette petite japonaise qui travaille dans la cuisine sans transpiration ni fatigue tandis qu'ils transpirent en abondance ; moi qui pèse 38 kg habillée et eux, deux fois plus lourds, plus grands et plus fatigués... Nous n'avons qu'à montrer...

Le Pasteur entre. Il est chargé de nous chasser le plus tôt possible. « Partez tout de suite » répète-t-il.

— Je vous prie, Monsieur M., attendez encore une semaine. Je vous montrerai un miracle... et je partirai pour toujours...

Il n'insiste pas, puisque toute sa famille est déjà sauvée : sa femme ne crie plus, sa voix nerveuse ne retentit plus dans la jungle tout entière et les moniteurs et les étudiants en sont très heureux ; même M. D., Directeur du collège en parle ; les cheveux du pasteur ne tombent plus, la fatigue a disparu ; surtout ses trois petites filles vont mieux : Françoise est plus sage ; Anne ne tombe plus, elle chante et elle est joyeuse ; surtout la plus petite, Christine, qui ne voulait pas boire du lait sucré, a tout vidé d'un seul coup le premier biberon de lait de riz non décortiqué, elle ne crie plus, elle est sage et elle dort bien. Elle rit quand ma femme s'approche. Elle a mouillé la « robe » de ma femme à plusieurs reprises avec ses urines...

Le pasteur se retire gentiment mais sans croire qu'il verra un « miracle »... Il attendra quelques jours au moins.

Le lendemain, encore un autre sujet de stupéfaction. De bon matin, six grands noirs pénètrent dans ma chambre avec des bagages et des paquets. Ils ont dévalisé toute ma chambre à l'hôpital.

— Mais pourquoi mes affaires privées ?..

Tous les noirs ont l'air tristes et honteux. L'un d'eux explique que c'est d'après l'ordre du Grand Docteur... mais tous ils nous aiment, ils ne veulent pas que nous partions. Ils observent mes directives préparatoires avec l'espoir d'être libérés de leur fatalité, l'emprisonnement pour toute la vie. Ils sont tous de pauvres malades. Leurs pieds et leurs bras sont déjà paralysés ou rongés...

Assis parmi des tas de bagage et de paquets, nous nous retrouvons seuls.

— Finalement, sommes-nous chassés ?.. Quelle rudesse !.. Nous sommes mis à la porte. Nous devons dormir dans la jungle.

A ma nouvelle stupéfaction, Jotsna ne pleure pas. Ses yeux sont plus brillants et montrent une volonté de fer. C'est curieux pour une femme si fragile, et surtout dans la jungle africaine. Elle est gaie, tout au moins en apparence. Elle dit :

— « Plus grande la face, plus grand le dos », n'est-ce pas ? Nous avons les plus grandes difficultés depuis notre départ du Japon. Cela signifie que nous sommes tout près de la plus grande joie. C'est sûr. Regarde. Ton corps est rongé, écrasé et couvert de pus et de sang ; nos bagages sont tous renversés. Et en plus, le pauvre Georges est chassé par le Grand Docteur qu'il admirait le plus dans le monde entier... Stupéfaction, déception, désillusion totale, mais tu n'est pas encore désespéré ?

Les difficultés ont allumé un feu inextinguible dans cette petite femme si fragile. Chose curieuse.

Après trois jours, je traverse le jardin et monte le grand escalier de la Grande Maison du pasteur. Tout le monde s'étonne de me voir marcher. N'est-ce pas le mort qui s'enterre ?

Je montre mes ulcères. Plus de pus, plus de sang qui coule. Tout mon corps est sec et lisse.

Vous êtes guéri ! ? Mais c'est incroyable ! Oui, vous m'avez dit que je verrais un « miracle »... mais c'est...

Il y avait un visiteur, le jeune docteur de l'hôpital qui avait observé très strictement mes directives préparatoires au commencement pour une semaine seulement. Il est venu exprès pour savoir si je n'étais pas encore mort.

J'attendis encore quelques jours pour que le Grand Docteur m'invite à l'hôpital pour me questionner et examiner si j'étais guéri en réalité. Mais personne ne vint, ni Mlle Emma, ni son garçon noir malade.

Le 10 février. Je pars avec Jotsna dans une pirogue. Je descend sur la plage et monte le petit chemin vers la maison du Grand Docteur. Beaucoup de noirs nous saluent très joyeusement.

— Oh ! Docteur, vous êtes revenu ! Vous resterez long-temps, n'est-ce pas cette fois ? Nous vous attendions...

— Vous allez mieux ? Tant mieux. Vous ne buvez plus ?..

— Oh non, Docteur, pas une goutte ! Regardez ! Je suis grandement amélioré... Mais vous resterez avec nous ? Nous bâtirons un autre hôpital pour vous comme nous avons bâti cet hôpital...

— Cela dépend. Si le Grand Docteur me le permet !...

— Bravo !!! Tout le monde hurle.

Le Grand Docteur nous regarde avec stupéfaction. Il ne touche pas à mes pieds que je lui ai montrés. Il ne dit rien. Il examine très minutieusement les mains de Jotsna qui avaient été atteintes de deux ou trois ulcères. Mais il ne dit rien. Et il s'éloigne. Je n'entends pas les seuls mots que j'espérais entendre de lui : « Comment avez-vous guéri ? Avec quoi ?... Pouvez-vous sauver tous ces malades « incurables » ?, etc. Mais tout au contraire,

— Quand partez-vous ? me demande-t-il nonchalamment.

— Bientôt... Je suis obligé de répondre ainsi.

— Voulez-vous dîner avec nous ? Vous pouvez attendre ?

— Merci beaucoup, mais je dois rentrer à la Mission d'Andendé, on m'attend.

Je ne peux pas manger un repas européen si coûteux, et si luxueux et surtout si nuisible, parmi des millions de noirs qui mangent si pauvrement et qui souffrent tant.

A Andendé, j'attends la lettre du Grand Docteur qui m'inviterait... Patiemment. Un jour, deux jours, trois, cinq... dix.. treize...

Le 23 février. Le cœur triste, nous avons pris l'avion pour l'Algérie à feu et à sang où mon frère spirituel Gabriel, que je n'ai pas encore rencontré dans ces 63 ans, m'attend depuis trois ans, pour passer 3 jours à Bougie.

Ah ! mon pauvre français fabriqué au Japon par moi-même ne m'a pas permis d'expliquer la dialectique pratique, la matrice de toute la civilisation, toute philosophie, toute religion d'Extrême-Orient au plus grand pacifiste du monde. Que c'est triste ! Mon grand espoir s'est évaporé... Pourrais-je en retrouver un autre ?

Je traverse le Sahara au clair de lune. Je ne peux pas m'endormir... Je pense à mes frères et sœurs si honnêtes, si pauvres, si malheureux qui périssent chaque jour... dans la jungle flamboyante de verdure... à cause d'une civilisation si magnifique qui leur impose sa manière de penser et de vivre...

La sexualité

La maladie la plus fatale qui soit est la perte de la sexualité. Si l'homme pert sa masculinité et la femme sa féminité, leur vie est infiniment triste. La vie sans aucune passion, ni émotion, ni amour, ni aventure, ni ambition, ni joie, ni trahison, ni jalousie, ni déception, ni lutte, ni compétition est comme le sel sans saveur ou le sucre sans douceur. Une telle vie est semblable à un désert glacial et sans lumière. On n'y voit rien. C'est absolument insupportable.

La vie, c'est la romance la plus passionnée que jouent les deux mains invisibles yin et yang, même la mort est une fugue de ce grand musicien.

La sexualité, c'est l'aube de la vie ! La sexualité, c'est la base de toute existence, c'est la clef de la genèse ; même les atomes, les particules élémentaires, les particules nucléaires ont leur sexualité : attraction et force de liaison, à plus forte raison tous les êtres vivants : les planctons, les arbres...

L'amour sensoriel de l'homme est la fleur de la sexualité. L'amour des étoiles et des planètes a été nommé, non sans erreur, par Newton : « l'attraction universelle », c'est devenu la base de la physique moderne. La sexualité est l'ordre primordial de l'univers. Sans sexualité, la vie n'existe pas ! Ni l'existentialisme, ni l'essentialisme ne seraient nés sans la sexualité. Non seulement les êtres vivants et les atomes inorganiques ont leur sexualité, mais encore les étoiles, les galaxies et tout ce qui a un commencement et une fin a sa sexualité.

En Extrême-Orient, il y a une très belle histoire sur l'amour des étoiles. Elles ont un rendez-vous délicieux une fois par an, mais tous les ans et pour toujours... Amours céleste ! On fête leur rendez-vous avec plus de grâce qu'on fête Pâques ou Noël. Sur des bambous de cinq à dix mètres, on ajuste des feuilles de papier rectangulaires en sept couleurs sur lesquelles des jeunes filles et des femmes qui rêvent d'amour éternel ont écrit des poèmes d'amour. On plante ces bambous devant toute maison, riche ou pauvre, le septième soir du septième mois de chaque année, et le vent du soir transporte les poèmes-vœux de toutes les Japonaises jusqu'aux lointaines étoiles...

L'amour, c'est la vie. Il y a sept étapes de l'amour : aveugle, sensoriel, sentimental, intellectuel, social, idéologique et universel. En Occident, l'amour sensoriel est le seul amour qui soit, ou presque. Les sept mots qui expriment les sept étapes de l'amour n'existent pas en Occident. Il est très rare qu'on rencontre une personne ayant l'amour des hautes étapes, c'est-à-dire qui accepte tout, une fois et pour toujours. C'est ce que je regrette le plus en Occident ; tous les matins, les journaux parisiens nous apprennent plusieurs histoires d'amours tragiques : amours aveugles, mécaniques, sensorielles, sentimentales, sociales, toutes très courtes... Tueries... Suicides... Amours d'argent, de réputation, de puissance, de beauté, etc. Attachements désespérés, en un mot ! C'est bon, c'est très bon, mais on doit connaître l'amour qui appartient aux plus hautes étapes, sinon notre vie n'est que celle d'un animal ou d'un microbe.

Pourquoi tant de tragédies sexuelles dans ce monde ? Parce que les trois quarts des gens souffrent d'une maladie des glandes ou des organes génitaux ! L'éducation sexuelle est extrêmement développée en Occident, ainsi que dans tous les pays occidentalisés, mais cette éducation est basée sur le bas jugement, c'est-à-dire sensoriel, sentimental ou intellectuel. L'éducation ignore complètement l'éducation biologique, physiologique et logique qui enseigne les sept étapes de l'amour qui ne sont pas autre chose que l'ordre de l'univers.

Pendant les dernières années que j'ai passées en Europe et aux Etats-Unis, j'ai consulté des centaines de personnes souffrant désespérément de maladies sexuelles : homosexuels, impotents, femmes ayant des pertes (blanches, jaunes, ou vertes), hermaphrodites (vrais ou pseudos), personnes à tératogénie morphologique apparente ou à tératogénie psychologique, femmes sans menstruations, femmes aux menstruations irrégulières, abondantes, longues, douloureuses ou à odeur répugnante, femmes « froides », femme sans sex-appeal, femmes « masculinisées » qui protestent, objectent, attaquent, grondent, crient, luttent à chaque instant...

Alfred de Musset, Albert Samain et beaucoup d'autres poètes pourraient regretter aujourd'hui d'avoir fait autant d'éloges de la femme. Y a-t-il encore une Rosemonde Gérard pour écrire un poème d'amour éternel ? Pierre Louys, l'auteur d'*Astarté* (la Vierge Eternelle), mon poème préféré de la poésie française, ne serait-il pas stupéfait de rencontrer une jeune fille stérile, c'est-à-dire célibataire à trente ou même cinquante ans ?

Il y a beaucoup de maladies des glandes et des organes génitaux, plus précisément, il n'y a pas un seul malade qui ne se soit atteint d'une maladie des glandes ou des organes génitaux. Voilà pourquoi il y a tant de mariages funestes et de divorces en Occident. Voilà pourquoi le catholicisme, qui est la religion de la tolérance (catha-holos), a été obligé d'interdire le divorce pour protéger le sexe faible. Au Japon, au contraire, il existe le temple bouddhiste appelé « En-Kiri » (le coupe-mariage). Toutes les femmes y vont pour se débarrasser d'un mari inhumain. La société extrême-orientale est féministe malgré son apparence. Elle est basée sur la supériorité féminine. La femme est, au point de vue biologique et physiologique, de beaucoup supérieure à l'homme. La mère est créatrice, tandis que le père est destructif. La femme ne fait jamais de guerre sanglante. La mère est femme, l'homme est « enfant terrible ». La femme oblige à faire la paix.

L'anéantissement de la sexualité est la plus grande destruction de l'ordre universel. Si l'homme se féminise et si la femme se masculinise, c'est-à-dire si yang perd ses qualités yang (surtout sa volonté de fer) et si yin perd ses qualités yin (surtout la grâce et la tolérance), le mariage finit en tragédie, c'est la fin de la vie humaine, dont on entend déjà le prélude...

Un peu de pathologie. Puisque je suis féministe, voyons tout d'abord la femme. La femme, d'ailleurs, est infiniment supérieure à l'homme sur le plan existentiel. La décadence du beau sexe, le commencement de la fatale maladie de l'humanité, c'est l'apparition de la femme à poils ! La femme qui a du poil aux pieds a perdu les qualités du beau sexe : à plus forte raison, la femme qui a du poil sur les bras ! Le bras étant plus yin que le pied. Un coup d'œil sur les pieds poilus d'une femme donne aux Japonais la chair de poule.

La différence entre l'homme et l'animal est exprimée biologiquement dans la langue japonaise. L'être sans poil est « hito », c'est l'homme ; et l'être à poils, « kédamono », c'est l'animal. L'animal est devenu homme en se débarrassant de son poil à travers des milliards d'années d'évolution. La femme, étant infiniment plus évoluée que l'homme, a la peau lisse, belle, élégante et appétissante. Bien qu'elle ne soit pas couverte d'autant de poils que l'homme, la femme est plus résistante au froid.

La femme qui a le pied poilu est celle qui a détruit ou masculinisé ses glandes sexuelles, elle n'est plus femme. Quand toutes les femmes seront devenues poilues, ce sera la fin du monde. C'est pire que l'enfer, c'est la vie hermaprodite ou tétragène. C'est le plus grand malheur de l'homme, un bien plus grand malheur que la guerre thermonucléaire, car celle-ci anéantit toute l'humanité, mais la vie sans le beau sexe ou avec le sexe poilu nous oblige à passer une longue vie de forçat...

Comment créer une femme belle, comment créer la Mère de l'humanité ? C'est un de mes secrets. Je ne le cède à personne, même pas au prix d'un milliard : c'est la Macrobiotique ! Spécifiquement, le régime N° 7. Le régime N° 7 efface le poil en deux ou trois semaines, c'est incroyable, c'est de la magie noire, vérifiez vous-même... le numéro 7 !

L'être est sexuel. La vie est sexuelle. Etre asexué, c'est la mort.

La France est le pays de l'amour, de la sexualité nette.

Tout le monde est attiré par Paris, par l'amour français, l'amour libre en un mot. Tous les étrangers qui, chez eux, ne goûtèrent jamais l'amour-passion, l'amour qui apprend la signification d'être et celle de vivre, subissent l'attraction de la France et de Paris. Dans leur pays l'amour libre, naturel ou sauvage n'existe pas, ou presque. L'amour n'y vit que sous la contrainte de la puissance bizarre, dite « morale » (qui est en réalité un beau nom camouflant la violence, la violence dite « loi », qui gouverne la soi-disant paix de la société des dociles, esclaves exploités, enchaînés par la chaîne invisible de l'argent).

Dans le pays le plus démocratique, « le pays de la liberté », les Etats-Unis, il n'y a pas d'amour libre. Quatre hommes sur cinq pleurent pour obtenir la liberté sexuelle et souffrent de leur vie conjugale, qu'ils considèrent comme une vie d'esclave. Un homme sur dix mille, ou même cent mille, jouit réellement des joies de la vie conjugale.

La France est catholique. Le catholicisme ne permet pas la destruction de la vie conjugale. D'après la Bible, la division ou le divorce est considéré comme un crime impardonnable.

L'amour, dans le catholicisme, est donc limité et conditionné, l'amour n'est plus la liberté. L'amour des catholiques, pourtant, n'est pas encore démodé, tout au moins en apparence, cependant « plus grande la face plus grand le dos » (quatrième loi de l'Ordre de l'Univers), l'amour idéologique

« catholique » est né complètement et doublement, l'amour sensoriel et l'amour sentimental le dominent. Pascal s'est écrié : « L'homme est hypocrisie et mensonge » mais, en réalité, ce n'est pas hypocrisie ou contradiction, c'est naturel : l'amour biologique et physiologique ne peuvent pas être dominés par l'amour idéologique, c'est le contraire. C'est pourquoi tout le monde aime visiter la capitale de l'amour, même une seule fois dans sa vie. Mais, étant esclave, le visiteur ne peut pas y rester toute la vie, et il part l'esprit plein d'images et de souvenirs avec lesquels il vivra le reste de sa vie d'esclave. Il vit seulement dans le passé. Ni le futur ni l'espoir n'existent pour lui. Et vivre dans le passé, c'est la mort...

Une fois, un Américain très brave est venu en France pour voir la capitale de l'amour ; il voulait même y vivre, il s'appelait Henry Miller. Rapidement, il s'aperçut que l'amour infini, éternel, la joie de l'amour sensoriel ne se trouvait pas là, et il fut déçu. Tout était relatif, éphémère et illusoire. Il cherchait quelque chose d'infini et d'absolu, mais il le cherchait dans le monde sensoriel, relatif et fini. Chercher l'infini, l'absolu, l'éternel dans le monde limité, relatif et fini, aboutit toujours à une tragédie : perte de temps, perte de la vie. Voilà la magie de la sexualité. C'est la plus amusante tragi-comédie de la vie.

La Science, qui n'est qu'une école de l'existentialisme, cherche les « K » (constants). Depuis Epicure et Démocrite, on cherche « l'atome », « l'unité constante » de la matière, du monde, de la vie. Ces postulats atomistes changent de nom de temps en temps. Ils s'appellent aujourd'hui « les particules élémentaires » : proton, neutron, électron, meson, etc., qui ne sont pas du tout constants, loin de là...

Tout le monde cherche toujours quelque chose de constant dans ce monde flottant et non constant, quelque chose de visible qui n'existe pas au point de vue existentiel dans le monde visible, ce monde qui n'est qu'une illusion produite par d'autres vues trompeuses. Voilà la source de toutes les tragédies de l'homme. Il en va de même pour la sexualité, nous ne pensons pas, nous ne cherchons pas la source de la sexualité, la polarisation primordiale de notre univers. L'univers est sexuel. Il n'est pas asexué. La sexualité est universelle : elle existe en toutes choses.

Il est impossible d'aboutir au monde moniste en partant du dualisme, c'est la fausse orientation. On doit partir au contraire d'un monisme pour explorer ce monde dualiste. On doit vaincre le dualisme d'abord. On doit établir premièrement le monisme, réalisable comme le montre la genèse. Il en va de même pour les théories d'un Teilhard de Chardin ou d'autres systèmes cartésiens. Le point de départ étant dualiste, il est impossible d'aboutir au monisme, qui unifie tout : matière et non matière, connu et inconnu, illusion et réel, bref le visible et l'invisible. Attachés au « visible » ces philosophes rejettent ce qui est invisible, malgré le fait que leur grand maître Descartes ait découvert le « moi qui pense » qui est invisible ! La mémoire, le mécanisme du jugement, la volonté, la foi, la base fondamentale de notre existence existent et sont connus malgré leur invisibilité.

En tout cas, la sexualité dualiste est un grand mystère pour le dieu moderne appelé « science », qui a remplacé Dieu omniscient et omniprésent, donc omnipotent, mais démodé. Tout malheur, toute maladie, toute tragédie, tous les problèmes, tous les fléaux, tous les crimes de l'homme sont produits par l'ignorance complète de la sexualité et de ses lois : la dialectique.

En conclusion, je crois que le plus important dans ce monde, pour vivre une vie toujours plus heureuse, toujours plus passionnante et toujours plus amusante (autrement à quoi bon vivre !), c'est de visionner le grandiose ordre-constitution de l'univers, son principe unique, le monisme polarisé. C'est, ou plutôt c'était, le travail et le seul but de l'Eglise, mais on l'a complètement oublié et abandonné. L'Eglise est devenue rituelle, professionnelle et conventionnelle. L'Eglise grecque, tout d'abord, l'Eglise romaine, ensuite, et, enfin, l'Eglise occidentale, en ont la responsabilité.

Bref, l'homme est devenu l'aveugle qui voit et ne comprend pas. L'homme est devenu existentialiste. Il prétend qu'il a le droit de se déclarer « existentialiste », c'est-à-dire de déclarer que seul, l'aveugle voit et que ceux qui ne sont pas aveugles ne voient pas !

La sexualité implique et révèle les secrets de la vie, de l'existence, de l'être, de l'adaptabilité. Elle consiste dans les deux forces yin et yang, qui sont contradictoires et complémentaires. C'est là la clef qui transforme tout antagonisme en complémentarité. C'est là la clef du royaume de la paix, de la liberté et de la justice infinie.

L'homme est le représentant de yang et la femme de yin. L'homme est positif, actif, agressif, destructeur, avare, avide de possession. La femme est passive, réceptive, obéissante, créatrice, avide d'être aimée, servie et possédée. L'homme est sauvage, la femme est raffinée. Celle-ci est de beaucoup supérieure à l'homme au point de vue biologique et physiologique. L'homme peut aimer, la femme ne peut qu'être aimée, être admirée et adorée. L'homme veut aimer toutes les femmes qui sont féminines. La femme devient très heureuse quand elle a attiré et dominé par ses qualités féminines l'homme le plus capable, le plus bandit, le plus audacieux et le plus ambitieux. L'homme qui n'est ni ambitieux ni aventurier ne vaut rien. C'est un animal pourri vivant : un esclave. L'homme et la femme choisissent leur ami ou amie d'après leur propre jugement, qui est influencé ou gouverné, toujours et sans exception, par les qualités opposées. C'est la loi d'affinité yin et yang (neuvième théorème : la force d'attraction est proportionnelle à la différence des composants yin et yang).

C'est pourquoi l'homme est attiré par la femme ; c'est là la fatalité ou le Karma le plus difficile à contrôler, donc aussi le plus passionnant. Le plus fort aime la plus douce, la plus fragile, la plus faible. Le plus savant aime la plus folle, la plus ignorante, la plus innocente. Le plus destructeur, la plus créatrice, le plus riche, la plus dépensière et le plus producteur, la plus économe. Le plus dictateur la plus obéissante. Voilà la satisfaction la plus ridicule de l'homme.

Mais le bonheur éternel, c'est d'aimer et, en même temps, d'être aimé, d'être le plus fort et en même temps le plus faible, le plus savant et en même temps le plus ignorant, le plus capitaliste et en même temps le plus dépensier. Voilà pourquoi le mari et l'épouse doivent avoir des qualités antagonistes. Tout ce qui existe dans le monde possède ces qualités, puisque tout ce qui existe est composé de deux sexes. Dieu est l'exemple idéal de cette structure mentale : il produit tout pour détruire tout. L'anguille pond des milliards d'œufs qui sont dévorés par d'autres poissons, l'homme produit des milliards de spermatozoïdes pour avoir un enfant. Quelle fertilité stérile !

— Mais c'est une contradiction, direz-vous.

— Non, pas du tout, l'homme est un animal contradictoire, sa mentalité a une double structure. Aimer et haïr sont synonymes. Souvent l'homme tue celle qu'il aime le plus.

Au premier abord, ces conditions semblent très difficiles à remplir. Mais, en réalité, elles sont extrêmement simples et faciles, puisque le monde est créé et gouverné par ces deux forces antagonistes. Il n'y a rien absolument yin ou absolument yang (septième théorème). De plus, rien n'est identique. Le comportement « aimer et être aimé » s'appelle être « avenant » ; le comportement « le plus savant et le plus ignorant » s'appelle la « modestie » ; le courageux ne connaît pas le mot « courage », car il ignore la peur ; le plus capitaliste qui est toujours le plus dépensier, est le « désintéressement » ou le « détachement ». Il est comme un homme qui connaît l'ordre de l'univers, il est Dieu en image.

Tout d'abord, comprenez le principe unique, assimilez-le et vivez-le à chaque instant.

Par exemple, nourrissez-vous, mari et épouse, à la même table et avec le même menu macrobiotique, qui est la nourriture la plus équilibrée en yin et yang. Vous deviendrez tous deux de plus en plus heureux puisque l'ordre de l'univers exige que tous les vingt-huit jours, l'épouse perde une certaine quantité de sang (l'essence de yang), pour qu'elle devienne chaque fois plus yin que l'homme.

Si vous désirez devenir le plus vite possible la femme la plus belle et la plus heureuse, ne mangez jamais de produits hémoglobiniques (produits animaux), puisqu'ils sont tous trop yang, ils ne méritent pas de nourrir une constitution aussi raffinée que celle de la femme. Ils sont bons seulement pour nourrir l'homme, créature plus sauvage et plus grossière.

En fait, nous sommes ce que nous mangeons et ce que nous assimilons. La sexualité, la qualité la plus primordiale et la plus délicate de l'homme, la beauté la plus élevée, la fleur de toute existence, dépend uniquement de la nourriture. La vache et le cheval — végétariens typiques — sont cent pour cent pacifistes, dociles et obéissants. Ils passent toute leur vie en étant exploités, et deviennent finalement un « beefsteack » ou une « chaussure ». Il leur manque un peu de yang. Ils sont obéissants inconditionnellement, comme les chiens de Pavlov. Il ne faut jamais confondre l'homme avec l'animal conditionné et sans le haut jugement.

Si l'on mange toujours des végétaux crus, comme la vache et le cheval, et si l'on est nourri dans son bas âge du lait d'un tel animal esclave, l'on devient inévitablement frère de lait des veaux. On passera sa vie tout entière comme un animal exploité, on sera un « salarié », un « professionnel » ou un « fonctionnaire » qui sert fidèlement le dictateur « argent », puisque le jugement demeure, à l'étape mécanique et aveugle, comme celui de leur mère et de leur frère de lait, vache ou herbe destiné uniquement à être sacrifié pour la nourriture d'autres animaux.

Si l'on se nourrit de beaucoup de produits hémoglobiniques, on acquerra de plus en plus les qualités des bêtes au point de vue jugement et un comportement de carnivore : sangsue, ver solitaire ou loup. Cela produira des phénomènes anormaux, des bêtises telles que : crimes, querelles, luttes, tuerie et finalement guerres, qui sont caractéristiques de l'homme fou.

Tout le monde mange, mais peu de personnes savent comment manger. Seul celui qui mange en accord avec le grandiose ordre-conception de l'univers peut vivre une vie heureuse. Malheur à ceux qui ne le connaissent pas ! Ils sont obligés de vivre une vie de forçat, condamnés à perpétuité. L'anomalie sexuelle est un symptôme parmi d'autres. L'homosexualité et l'hermaphrodisme, vrai ou pseudo, sont très répandus en Occident. Peut-être mille fois plus qu'en Orient. L'anomalie sexuelle est la plus misérable maladie, c'est la vie sexuelle des esclaves ou des forçats. C'est la maladie du jugement aveugle, pire que celui de n'importe quel animal ou insecte.

L'appétit sexuel normal est le désir le plus fort de l'homme après l'appétit pour la nourriture. On vit uniquement par l'appétit, gourmandise infinie qui produit le désir sexuel : l'appétit physiologique et l'appétit biologique. Il est très difficile de s'évader de cette double prison : « appétit gourmandise et appétit sexuel ».

Celui qui a la clef dite « ordre de l'univers », peut seul se sauver et trouver la liberté infinie. Les autres sont destinés à ramasser quelque argent en travaillant toute leur vie pour satisfaire leur appétit physiologique et sexuel.

L'abeille si travailleuse ! Quelle misère ! L'homme doit-il se contenter, sa vie durant, de remplir son estomac et de servir son désir sexuel ? Si l'on a un appétit sexuel anormal, on n'est ni humain ni animal. L'homosexuel et l'être asexué sont des types tragiques. La littérature de l'Occident n'en manque pas... Le portrait de Dorian Grey, les histoires de Sade.

Guérissez l'anomalie sexuelle par la macrobiotique stricte. Aimez avec l'amour des bêtes, celui de la première étape du jugement, mécanique et aveugle. Développez votre amour jusqu'à la deuxième étape du jugement : sensoriel (qui finit d'ailleurs toujours tragiquement, comme le montre, par exemple, Maupassant), Ensuite développez votre amour jusqu'à la troisième étape du jugement : l'étape sentimentale et qui finit toujours en hallucination (biographie de Stephan Zweig, bon nombre de romans français). Dépêchez-vous de grandir jusqu'à l'amour intellectuel, ensuite jusqu'à l'amour social et idéologique, illustré par tant de biographies de savants, de révolutionnaires ou de réformateurs. Enfin, montez à la septième étape du jugement : amour suprême, infini et éternel où se trouvent seuls le bonheur éternel et la liberté infinie.

Inhumain, animalité, humain, super-humain... La route du bonheur est longue et son seul guide pratique est la macrobiotique, d'après le Principe Unique.

Table des matières

ACHEVÉ D'IMPRIMER
EN   MAI   1991
PAR L'IMPRIMERIE
DE LA MANUTENTION
A MAYENNE
N° 125-91